思想二十年

李华平◎著

中国财富出版社

图书在版编目（CIP）数据

思想二十年 / 李华平著. —北京：中国财富出版社，2015.7

ISBN 978-7-5047-5765-4

Ⅰ.①思…　Ⅱ.①李…　Ⅲ.①哲学-文集　Ⅳ.①B-53

中国版本图书馆 CIP 数据核字（2015）第137947号

策划编辑	宋　宇	**责任印制**	何崇杭
责任编辑	宋宪玲	**责任校对**	饶莉莉

出版发行	中国财富出版社		
社　　址	北京市丰台区南四环西路188号5区20楼	**邮政编码**	100070
电　　话	010-52227568（发行部）		010-52227588转307（总编室）
	010-68589540（读者服务部）		010-52227588转305（质检部）
网　　址	http://www.cfpress.com.cn		
经　　销	新华书店		
印　　刷	北京柯蓝博泰印务有限公司		
书　　号	ISBN 978-7-5047-5765-4 / B・0442		
开　　本	710mm×1000mm　1/16	**版　　次**	2015年7月第1版
印　　张	16.25	**印　　次**	2015年7月第1次印刷
字　　数	230千字	**定　　价**	38.00元

前 言

人生与思想

《思想二十年》即将出版了，这是我个人学术生活，乃至人生中的一件大事，我为此感到很高兴。

往前看，这本书是对我前半生人生与思想的一次总结；往后看，此书是我未来学术之路的一个起点。对我而言，这本书的价值与意义要超过以前出版的任何一本书。

故我觉得，非常有必要把与我这几十年的人生、几十年的思想有关的一些故事，向最亲爱的读者朋友做个汇报，对自己也算一个阶段性的交代或总结。

世外桃源话故乡

总结思想无法回避的就是，必须回忆一下自己的人生。

四十九年前，也就是 1965 年 8 月，我出生在江苏省宿迁市沭阳县东北部的一个小村庄里。在父母和老师的宠爱中，我度过了自己的童年。在那个普遍贫穷因而人们也不觉得穷有多丢人的时代，我也从未觉得我们的村庄与别的地方有什么不同，似乎世界都是这个样子。

跳出那个被几条河流分割得支离破碎的小村庄，鸟瞰一下我的家乡，我觉得我的家乡与中国古代诗人陶渊明笔下的“世外桃源”还真的非常相似。

无疑，家乡的风光是绝对纯天然的，春天野花烂漫，秋天果实飘香，人与人之间、人与各种大小动物之间，维持着一种温馨的和谐。人们日出而作，日落而息，生活无比简单，非常安宁。外面纷乱的世界似乎对我家乡的乡亲们并没有产生多么大的影响。

我说家乡酷似陶渊明笔下的“世外桃源”，那是因为我的家乡也如那个世外桃源一样闭塞。从宏观上看，我的家乡北面是山东半岛，那里多是山地，道路崎岖，即使是在交通事业高度发达的今天，人们到山东去也只有屈指可数的几条路。西面是从南到北首尾相连的五六个大湖泊，我戏称其为中国的“五大湖区”。这些湖泊从南到北依次为：微山湖、骆马湖、洪泽湖、高邮湖、瘦西湖、太湖。南面是被毛泽东称为“天堑”的长江，东面则是连飞鸟都难以飞跃的大海。从微观环境来看，我的家乡到处是河流，东一条，西一条，纵横交错。由于到处都是沟沟坎坎，父母们最担心的就是孩子受到水的伤害。我的记忆中至今还经常浮现小伙伴被水淹死，家里人把孩子的尸体放在老牛的背上，沿着田埂到处转悠，以期孩子起死回生的画面。老人的眼泪流干了，但孩子永远也不会回来了。

如今的人们把大海、湖泊、江河看成是对外联系的便捷通道，但在那个生产力水平特别低下的年代，人们没有钱造船买马，这些河流湖泊的存在，就自然成为把人们与外面的文明阻隔开来的屏障。

我的童年和少年生活简单而幸福，但最大的特征就是封闭，与世隔绝。一个少年，懵懵懂懂的少年，犹如一株河畔旁自生自灭的小树，他的眼前除了汩汩流过的小溪和一片默默生长的野草，再也看不到任何别的风景。

由于对外面精彩世界的茫然无知，在我幼小的心灵里，也似乎从未翻起过超越那片陪伴我童年生活的“孤岛”的涟漪。我的家乡虽然很穷，名字也很俗——驼沟村，但在我的心中，它依然很美！直到今天，每隔一段时间，我都要回去看看。看父母，自然是第一位的原因，但那份淳朴的乡情，那片弥漫着草香的土地，依然是原因之一。

书："隐形的翅膀"

父母孕育造就了我的身体，也是父母培育了我的性格和智慧，但最终是书承担起作为我"隐形的翅膀"的角色，把我带离了那片土地。苏联作家高尔基说过："书是人类进步的阶梯。"一点不假，余秋雨如果不是因祸得福地因为家庭的原因，被哄到荒山上居住而得以碰上一个国民党时代的图书馆，有机会饱览群书，就不可能有今天的大彻大悟。我没有余秋雨先生的福气，年纪轻轻就能看到那么多的好书。尽管如此，下面几种书是不能不提到的：

一是关于雷锋的书。这类图书是我从外祖父家搜刮来的。在儿时的记忆中，我外祖父家比较富裕，因而在新中国成立初期的土地改革中成分被划为地主（或富农）。或许当下的人不明白这意味着什么，一些人甚至会以此为荣，但在那个年代里，一个家庭一旦被贴上地主家庭的标签，就等于给这个家庭从政治上判了死刑，他们的孩子被剥夺了考大学、参军的资格，只能祖祖辈辈与土地为伍，永远不得翻身。我的舅舅在"文化大革命"前期好像上到高中，"文化大革命"一到他就觉得上不上学已经毫无意义了，再说那时已没有大学可上，为打发时间，就与庄前屋后的那些后生们一起去当民兵，做一些管管村庄鸡毛蒜皮小事的营生。而这却为嗜书如命的我提供了可乘之机，经友好协商，我把舅舅家中那些发给民兵们看的、大多是与雷锋有关的书，以及他初高中时期的教材统统收归囊中。

二是小说：《石娃》和《血染的金达莱》。记得当时到我叔叔家玩耍，一天踩着凳子到一隔板上找东西，突然发现一本书，靠近一看是《石娃》。

我记得当时心怦怦乱跳，生怕被人发现，后来看周围没人，就把这本书“偷”回家了。这是一本小说，现在估计至少有200页。当时我到底看了多少遍实在不得而知，我只知道今天对那本书上写的故事依然记忆犹新，甚至想起书中描写的厨师大爷给石娃小英雄做的面条汤中大葱的香味，我依然直流口水。这本书我一直保留到高中阶段，后来还是作为礼物送给了一位周姓同学。后来通过网络查询，我才知道写《石娃》的是一位江苏扬州籍女作家，名叫戴石明，她的作品除了《石娃》，还有长篇小说《小草青青》《乌云遮不住太阳》《北黑屯纠纷》《小妮儿》《石娃北撤记》《牛是农家宝》，以及诗词集《波痕浪影集》等。可惜当时不知道这些，不过就是知道了，也没有钱去买这些书的。

至于《血染的金达莱》是如何弄到手的，实在是不记得了。只记得那里面有很多很恐怖的描写，漆黑的山洞里，伸手不见五指，阴气逼人，各种怪怪的声音，刺激你的每根毛孔直直地竖起来，随时都有毒蛇和坏人过来置你于死地。在幼小的心灵中，我比许多同龄人过早地体会了那种比人间好多凄惨的事情还要恐怖的事情。

三是两份期刊：其中一本叫《松花江》，另一本名字回忆不起来了。我的祖母因长期劳累身患肾炎，家里不得不把她送到邻近的东海县医院住院治疗，我母亲经常去陪护。一次在回家的路上，到底是在火车上，还是在汽车上，我也记不得了，总之母亲见有人吆喝卖书就买了两本给我。这两本杂志也一直陪我到了高中阶段。

四是小说选集：《1984年全国优秀短篇小说选》，这是我用零花钱买的。有了这本书，我才真正知道什么叫书，梁晓声、张抗抗、李存葆等作家才真正走进了我的生活，我也才知道什么是真正的文学。

五是形形色色的教科书。这些书是学校发的，但我同样奉为宝贝。

通过收集和阅读这些书，我比村里的其他孩子更早了解了外面的世界。也正是凭借这些书，我在很小的时候，就能写出很不错的文章，在当地村庄名声不小，我记得有好多同学的家长到学校里就是为了读读我的文章。我舅舅曾经很善意地提醒我妈妈，说仅仅作文好是没用的，要“全面发展”，但我终生都没有改变读书习作的习惯，这绝对是一个好习惯！

书籍，是我个人成长和进步的阶梯，也正是凭借着书籍这个“隐形的翅膀”，我从家乡那片小孤岛“飞”了出去，从小村庄飞到了乡镇，从乡镇飞到了县城，从县城飞到了省城，从省城飞到了首都，从首都飞向世界……

渐行渐远商业梦

或许与天生的那种希望摆脱与生俱来的贫穷的本能有关，我天生就对从事商业活动存在某种好奇。

在很小的时候，我就观察左邻右舍的村民，发现凡是死啃土地、老实巴交的人家，必然生活很凄惨，而那些“不务正业”，喜欢做点炸油条、卖烧饼、唱戏说书、吹拉弹唱，甚至是帮助人家办理红白喜事的人家，就能过上好日子。当然，如果能够在政治上有所作为，例如能够当个生产队里的计工员、会计、小队长之类的，日子就更好了。于是，仕途与商业的诱惑后来便成为指引我人生道路的明灯。

填写大学志愿表时，我的志愿就有江西财经学院、湖北财经学院这类与工商业有关的学校。分配工作时，人们一听说有机会进入政府机关，自然趋之若鹜，恨不得一头扎到中南海去上班。不过后来发现，无论是在中南海，还是到新华社，如果你没有学识和能力，无论是仕途还是在经济上，都不可能有什么大的发展。

不知道有多少人一辈子死死待在一个单位，时时在意，处处小心，不敢多说一句话，不敢多行一步路，察言观色，左右逢源，百般讨好，为的就是当个主任科员，当个处长，当个局长……有的人好不容易美梦成真，但已是风烛残年，转眼间便到了退休的年龄。有的人一辈子形单影只，苦苦伫立在那仕途的冰山上，等待，等待，还是等待……

于是，自21世纪初，大约具体是在2001年6月，我牙一咬，脚一跺，一个猛子扎进了深不见底的“商海”之中。我相信，天高任鸟飞，海阔凭鱼跃，以我的智商，以我的勤奋，一定会打出一个山花烂漫的精彩世界。

在十五六年的商海生涯中，我曾经与温州朋友一起到黄海附近的连云港港口策划养殖海产品，租赁闲置厂房搞娱乐场所；我曾经到内蒙古鄂尔多斯、河北秦皇岛和北京搞建筑，曾经策划搞信用评估，搞风险调查，贩卖黄沙、煤炭、石油焦，也曾经筹划到上海经营黄金制品，与朋友到海南岛买地种植香蕉，到加拿大种植大麦，还计划把河北的钢材倒卖到南方，甚至想到要回苏北老家圈占农村土地，也曾经参与图书出版，并计划推出几本畅销书，也曾经想组建律师事务所，雇用律师打官司……

不管怎么说，在我的运作下，一百多栋高楼拔地而起，数万人为此找到养家糊口的机会；有若干人因为我的运作成为百万富翁、千万富翁，甚至是亿万富翁……在我的运作下，山西朔州的燃料用煤被火车、海轮运到江苏淮安，陕西神木的兰炭被汽车运到河北的霸州、江苏的张家港，山西晋城的无烟块煤（俗称“三八块”）被火车运到江苏淮安，江苏江阴港口的喷浆煤被运到江苏的灌云县陈港镇，河北黄骅港的煤炭被运抵张家港码头。

我的商业生涯，听起来是红红火火，风生水起，很是好听，实际上哪一块都没有形成气候。我与很多人一样，经历了中国房地产形势和煤炭市场形势急剧恶化的特殊阶段，很多时候仅仅是听到很辛苦、很大汗淋漓的吆喝声，而没有取得多少实实在在的成效。一点点有限的收益也是遵循着从哪里来就回到哪里去的规则，渐渐归于无声了。

如果说对我的商业生涯多多少少还有点聊以自慰的话，那就是这段时间的商业打拼为我提供了“第一桶金”。我用其中的一百多万元在我的本科母校南京师范大学设立了助学金，并资助我的研究生母校中国政法大学召开了大型国际会议——“全球化背景下国际犯罪与刑法研讨会”，来自美国、欧盟、日本、西班牙、中国香港、联合国等几十个国家、地区和国际机构的近百名专家学者齐聚中国首都北京东郊的“中信第一城”，共商防范打击国际犯罪大计。与那些伟大的慈善家比起来，我所做的事情绝对是小菜一碟，不值一提，但毕竟无意中成就了我的慈善之梦。行善积德，重在参与。每个人都应该勿以恶小而为之，勿以善小而不为！

在我的心目中，商人是最值得钦佩的人，商业活动是值得干的营生，我虽然依然怀抱着一个雄心勃勃且信心百倍的商业之梦，但依据目前的经济形势，并综合评估我的商业智慧和商业意志，我感到这个梦，如好多人的梦一样，已经是渐行渐远了……

商业梦，梦之蓝，蓝得一点点颜色都没有了！

我的学术轨迹

与商业之梦齐头并进的，就是我继续在往前延伸的学术之路。

我的大学生活与一般的学生确有不少不同，最典型的一点就是“双轨制”。其中一条轨道就是标准的本科教育，南京师范大学是一所在全国影响一般，但在华东地区很有影响力的大学，我学的专业是政治教育，具体课程五花八门，哲学、中国近代史、科学社会主义、中共党史、政治经济学、国际共产主义运动史、世界历史、马克思恩格斯原著、法学基础理论，就连自然辩证法、微积分也得学，印象中足有四五十门课。你要想拿到毕业证书，拿到学位，必须确保门门及格，否则会让你痛苦不堪。

另一条轨道就是以自学为主的法学研究。我对从事教师行业兴趣不大，因此自大学二年级起，我就决定报考研究生，跳出教育这个行业。历经一番周折，选来选去把自己的目标定位在位于北京的中国政法大学。考过研究生的人或许知道，对于我这样一个从未学习过法律的人来说，一本正规教材也没看过，一堂正规的法律课程也没有上过，要报考一个连门朝哪儿开都不知道的国家级著名政法院校的刑法专业研究生，是何等艰难。没有教材和参考资料，我就到各个书店去找，好在最终我在南京新街口新华书店买到了由著名刑法学家高铭暄教授主编的《中华人民共和国刑法研究综述》，这本书对于我走进中国政法大学起到了关键性的作用。在此不得不提的是，现为江苏省扬州大学负责人的夏景文先生是我的第一位法学启蒙老师，没有他的热心相助，我想到北京读研究生肯定会艰难得多。

俗话说："好事可以变成坏事，坏事也可以变成好事。"由于我是在一种几乎与世隔绝的情况下学习和研究法律，所有问题都得自己去思考，去研究，久而久之让我养成了一种独立学习、独立思考、独立判断的习惯。这为我以后进行系统化的学术研究打下了非常好的基础。

总结自己的学术起点，不能不提到一套书，那就是四卷本的《马克思恩格斯选集》。

通过这套书，我知道了古希腊，知道了古罗马，知道了基督教，也知道了文艺复兴，知道了费尔巴哈，知道了黑格尔，甚至是通过这套书，我才真正了解了中国的好多事情，如鸦片战争和义和团运动等。马克思是对我一生影响最大的人，他的书对我的灵魂影响最为深远，直到今天依然如此。不管国际共产主义运动出现多少反复，我对马克思的热爱不会改变。如果把马克思、恩格斯的著作比作是把我引入学术研究大道的指路明灯，那是一点都不过分的。

马克思最大的梦想就是成为一位对任何知识都不陌生的大学者、大思想家，我也是如此！

马克思的学术研究是从法律、政治研究走向经济研究，最终以皇皇巨著《资本论》达到顶峰。我的学术研究，第一阶段也是研究法律、政治；第二阶段是以中国作为研究客体，国家发展战略是研究的重点；第三阶段是以当下世界为研究客体，世界危机与人类的行为选择是我研究的重点；第四阶段则定位于哲学，此阶段的研究则把宇宙、自然、人类归为一体，企图对宇宙万物的最基本构成、最本质特征做出一番研究。马克思已经是作古之人，他有他的极致；而我还活着，能不能达到我的极致，不得而知。

多变的年代，不变的坚持

2013 年 2 月的一天中午，我正在河北省井陉矿区的洗煤厂与合作伙伴盖先生商谈有关煤炭业务拓展事宜，北京挚友姜正成来电说："你的书《论天下》被中共中央外宣办列入公务员考试面试必考书籍之一。"我说："您别开玩笑了，这本书费了那么大劲儿才出版，很多观点是很另类的，不被下架就谢天谢地了。"姜先生说："不信你就在百度中检索一下。"我笑着说："先谈买卖吧，等我有时间再查查。"

回到办公室后，我上网一查，果然如姜先生所言，刚刚结束的中共中央外宣办公务员考试还真把《论天下》一书列入面试必考著作之一。另外两本，一本是著名历史学家钱穆的《国史大纲》，一本是著名哲学家冯友兰的《中国哲学简史》。国内各大主流媒体和香港的主要媒体也在最短时间之内报道了这件事。细心的读者不难发现，《论天下》的写作风格与基本价值趋向与另外的两本书完全不同。中共中央外宣办把这三本书放在一起让考生们予以评论，很有意思。不管出于什么原因，我都认为这是一件好事，最起码不是坏事。

我生活在当下中国，眼见着中国社会在欧风美雨和古老田园文化的共同沐浴下，一天天地进化，一天天地自由，一天天地更适合人类的生存。中国离一个现代国家的距离越来越近。我不得不承认：作为中国人，我们这一代还算很幸运。

尽管如此，我们必须清醒地看到，当下依然是一个多变的时代。用英国 19 世纪最伟大的批判现实主义作家狄更斯在其小说《双城记》中的话来说，就是："这是一个最好的时代，也是一个最坏的时代。"

作为一个思想者、一个公民，任何人都应该在其特定的位置上进行着某种顽强的坚持。唯有这种坚持，才能确保社会与国家不至于堕落退化。

不少人曾经委婉地问我，为了这份独特的思考，你在苦苦地坚持，到底价值几何？我经常被问得哑口无言。不过我还是想告诉世人：我非常欣赏清代著名词人纳兰性德笔下的梅花，她是冬日里的一抹淡雅，不浓妆，不做作。百花盛开、争奇斗艳的季节，她悄悄地隐藏到墙角下，不争先，不恐后，似乎虚无一般地存在着。但在严冬腊月、百花休眠之际，梅花在漫天大雪中迎风开放，即使风再冷，雪再大，气温再低，她依然是别样的清幽，自然清新，傲然挺立，而为冬日带来一抹亮丽色彩！

目 录

第❶章
政治家与思想家的价值

“这是一个最好的时代，也是一个最坏的时代……”

英国伟大作家狄更斯的这句名言并不仅仅适用于 1789 年大革命前的法国，同样适用于今天的世界。

当今时代，一切都是短命的。辉煌恰如过眼烟云，衰败与没落也是转瞬之间的事情。在当今时代，世界性的政治权力中心、世界性的经济中心和世界性的文化中心每时每刻都在发生变化，没有哪一个国家和民族敢以一时之成功而自诩其将是世界永远的中心。

当今时代，实力是人们崇拜的偶像，虚荣与华而不实已没有存在的空间。在这个时代，成者王侯败者寇，强者永远是人们追捧的对象，而弱者则越来越难以生存，甚至随时会面临被无情淘汰的厄运。

当今时代，是各个国家与民族之间分化且日益简单化的时代，任何一个国家，在这个时代，不是那种凌驾于其他国家和民族之上可以为所欲为的第一世界国家，就是那种不得不仰视其他民族，并因而不得不接受随时挨打命运的第三世界国家。世界本来就是这么残酷，这么无情，残酷就是当今世界的真面目。

政治家是所有国家和民族进步的领头羊，思想家是所有国家和民族进步发展须臾不可缺少的智慧之源。对于任何国家和民族的进步和发展，这两个特殊的精英群体肩负着非常特殊的使命和责任。

中国的政治家与思想家应该看到，中国虽然有过一段引领世界潮流且璀璨夺目的当年之勇，但在汉唐以后，特别是在1840年鸦片战争之后，中华民族步入可悲的衰败之路，而且越往后走，中国与世界先进国家和民族的距离越来越大，中华民族所遭遇的磨难与屈辱越来越令人感到绝望。

鲁迅曾经说过，作为一个中国人，要敢于直面惨淡的人生，敢于正视淋漓的鲜血。是的，在今日中国似乎迅速崛起、蒸蒸日上的外表下，掩盖着中国与世界最发达国家在某些方面的差距不断扩大，而原来实力远在中国之下的许多邻国，与中国之间的差距日渐缩小，许多邻国在个别方面甚至远远超过中国的严峻事实。

由于中华文明在地缘政治上的中心地位和一直存在于中国人心目中天朝帝国观念的作祟，与扩张成性的英国、德国、法国、俄罗斯、日本以及咄咄逼人的当今世界头号霸主美国等国家比较起来，中国历来就缺乏制定明确性高和可操作性强的国家战略并将此告示天下的传统。中国很多政治家行事，历来是头痛医头，脚痛医脚。中国人历来极端自信，似乎大千世界普天之下没有什么解决不了的问题，人人都坚信车到山前必有路，中国人也深受历史上黄老学说之影响，崇尚无为而治。中国的很多进步都是在外部力量的强力打压下而被逼出来的。

德国哲学家黑格尔曾经说过，有什么样的国家就有什么样的国民，有什么样的国民就有什么样的国家。与此道理基本相同，有什么样的政治家和思想家，就有什么样的国家；反之，有什么样的国家，就有什么样的政治家和思想家。中华文化厚重而悠久，却长期深受传统之累。中华文明素来充满自信，却长期深陷东西文化冲突之中不能自拔。中国人极端崇拜自己，却又极端怀疑自己。

笔者早于21世纪初已脱离政治这个行当，自然也不是什么思想家，而只是一个闲人。但国家兴亡，匹夫有责，闲人也不例外。闲暇之余，笔者随心所欲、信马由缰做一些有价值或者没有什么价值的国情与文化研究。在当代世界，我们最需要的研究和思考，是对中国何以一而再、再而三地成为人类文明发展的陪衬品的反思。真正有价值的研究和思考，是中国如何才能确保强国之梦得以真正实现。

中国儒家学说强调，知之非难，行之维艰；民主革命的先行者孙中山坚持说，知难行易；自由主义思想家胡适则认为，知难行亦不易。不管怎么说，即使是再伟大的思想，如果没有扎扎实实的行动，也不过是一些掩人耳目的空谈而已。

第❷章 中国式大国意识

在人类四大文明中，中华文明是被认为唯一没有被外来文明所彻底摧毁的文明，这一点是由中国与人类其他文明的隔绝程度也是举世无双这一点决定的。“位置，位置，还是位置”，这一房地产行业古老的金科玉律同样适用于对各个文明禀性的分析。

地中海将美索不达米亚平原上的两河文明与欧洲、非洲连为一体；印度洋则使印度文明与非洲、中东和东南亚等地区连为一体；尼罗河将古埃及文明与周边外部世界连在一起。相比之下，中国在其历史的大多数时间内一直被周围奇特的地理环境所隔绝。它的西南面和西面，是世界上最高的大山，北面和西北面是茫茫的大沙漠和草原，东面有浩瀚无际的太平洋。中国文明所处的这种特殊的地理位置是其免受外来文明侵扰的重要原因之一。这种特殊的地理环境使中国人能够在文明的创造上具有一种奇特的能力，但在与其他文明的交流上则显得极其笨拙。这一点也直接影响到中华文明未来的发展。

特殊的地理环境使中国文明呈现出一种特殊的生命力，久而久之，在外来文明看来，以及在中国人自己看来，中华文明似乎是一种具有无穷同化性的文明，不管是来自印度的佛教，还是来自西方的基督教，抑或是来自中东地区的伊斯兰教，都能在中国这片土地上找到适合自己生长的地方。对于中国人来说，不管是来自蒙古高原的游牧民族，还是来自东北的满洲贵族，最终都会屈服于中国儒家文化。中华文明的极端自信产生于这种特殊的地理环境与文化环境之中，一种顽固的崇拜自我而藐视他人的“帝国”意识也同样产生于这种文化环境之中。

大清王朝是中国历史上最后一个封建帝国，在一批满洲王公贵族的统治之下，中国国力之衰败也到了历史的顶峰。然而，就是在这样的国度里，那种极端的帝国意识仍然像幽灵一般游荡在中国大地之上。

近代中国没有外交，那种荒唐的“剿夷”与“讨逆”等乱七八糟的东西便是这种帝国意识的产物。在中国被彻底打垮之前，中国人绝对不愿意给予外国人以平等的地位。当时与大清帝国并行的西方文明已经进入工业文明阶段，而中国仍然处于极端落后的农业社会。但当时除了极个别人朦朦胧胧地意识到这一点外，其他人对此简直就是无知无解。当已经武装起来的英国人等来到中国，中国人只是把这些人当作是琉球人、高丽人之类，认为这些人都不过是些贪财图利之徒。对于这些蛮夷之邦，天朝帝国是不可能与他们有什么平等可言的。

在鸦片战争之前，英国等国家是不愿意与中国这样的陌生帝国为敌的，他们所要求的只是与中国进行正常的经济贸易。中国人对于这些厚着脸皮要来和自己做生意的外国人是以一种戏弄和侮辱的态度对待的。

清朝政府奉行所谓的“一口通商”制度，只准许外国人在广州一地做生意。在广州，这些外国人只能与中国政府指定的十三家商行做生意，而且只能在夏秋两季做生意，生意做完，冬天必须到澳门去过冬。外国人在广东不能与中国人一样坐轿子，不能自由出门，外国人不能买中国的书，甚至中国政府不许外国人学习中文。在税收方面，中国的官府也是百般刁难这些外国商人，他们不让外国人知道中国的税率，随心所欲地占外国人便宜。

总之，迂腐的帝国意识时常占据中国人的大脑，直到今天，那种“老子天下第一”的观念还不时在中国人中掀起阵阵涟漪。

现代中国人的“帝国意识”与古代的“帝国意识”则有所不同。中国历史上的“帝国意识”是以我们的祖先曾经有过的一些辉煌为资本，而现代的中国“帝国意识”则建立在“21 世纪将是中国人的世纪”这一只有未来才能证明的假设之上。按照“帝国意识”极强的人的逻辑，人类文明是按照一种逆时针的方向运转的。人类的文明是从中华文明、古印度文明、古埃及文明与两河文明开始的，其后这四大文明便被欧洲文明所取代。而到了 20 世纪，特别是在两次世界大战之后，美国便成为人类文明的又一个中心。按照这个方向进行下去，到了21世纪，人类的文明中心便自然转到了太平洋地区，中国便会花开二度，再次成为人类文明的中心。

第3章 核裁军三步棋

在对各种核裁军方案进行综合研究的基础上，笔者认为人类必须实实在在而且要迅速地按照如下的规划来开展裁军行动：

第一步，无条件承诺。无论是已经宣布拥有核武器的国家，还是已经被查实拥有核武器的国家，抑或那些还企图挤进“核俱乐部”的国家，都必须把建立一个“无核世界”无条件地作为自己的国家目标。借助国际立法活动，确定从某一个具体时间为开始，把以军用为目的的核扩散行为定性为一种与种族大屠杀一样危及人类安全的违法犯罪行为，此行为不仅将受到国际社会的道德谴责，而且将遭受国际社会司法机构的联合制裁和打击。此条可以“修正案”形式载入《联合国宪章》。

第二步，大国先行。目前世界上的核武器绝大多数掌握在联合国的几大常任理事国手中，直到今天任何人都看不出这些大国能拥有核武器而其他国家则不能拥有核武器的道德理由。“只许州官放火，不许百姓点灯”，是无核国家在想到拥有核武器的大国时最常想起的一句话。此外，世界人民何以相信这些大国能够负责任地使用这些核武器而其他国家则会滥用这些东西？因此，这些核大国能否率先垂范，带头进行核武器归零化运动，这对于能否建立一个真正的“无核世界”至关重要。可以说，能否建立一个“无核世界”，完全取决于核大国能否彻底销毁它们所拥有的核武器。应该承认，美国、俄罗斯、法国、英国、中国这联合国安理会五大常任理事国到目前均就建立一个“无核世界”做出明确承诺，但是，到目前为止没有一个国家提出明确的核裁军计划和具体日程表。如果这种态势继续下去，势必让那些潜在的“核俱乐部”成员怀疑这些大国提出进行核裁军的真实意图。对于这些核大国，真正的对世界负责的核裁军行为应该包括如下内容：①所有核力量应当取消戒备；②所有核弹头应当撤离发射架；③所有非战略核武器应当停止部署；④停止一切核试验；⑤五大国承诺相互之间不首先使用核武器，并不得对非核国家使用核武器；⑥削减和销毁核弹头必须有明确的时间进度表，并有一套严格而周密的核查机制，且要绝对置于世界人民的共同监督之下。当然，在推进“大国先行”计划时，还必须把那些联合国安理会中拥有核力量的非常任理事国纳入其中。

第三步，全球性废核阶段。在各核大国之间就削减和销毁核武器进行磋商并逐步取得实质性进展的同时，全球所有拥有核力量的国家也必须同时进行相关活动。当各个核大国按照彼此认可的削减比例（如70%）和削减核弹头的绝对量（如100枚）达到一定程度时，所有核国家都应在此基础上签订全球削减和销毁核武器条约，确定一个最终废除核武器的行动计划。

以上内容主要来自于诸如《堪培拉消除核武器委员会报告》等文件，这些任务中没有一项是容易做到的，但也没有一项是不可能完成的，关键取决于核国家的政治家与国民是否具有维护世界长久和平的诚意，是否愿意为维持人类的可持续性生存做出自己的贡献。

一个无核的世界将会是一个什么样的世界？我们可以预言，在一个无核的世界里，美国与俄罗斯的关系肯定与现在不同，阿拉伯世界与以色列的关系、巴基斯坦与印度的关系、中国与世界其他国家的关系肯定与现在不同。人类虽然依然会遭遇众多危机乃至灾难，但人类再也不会担心一夜之间就被炸得灰飞烟灭，而回到人类最原始的来源状态——宇宙尘埃。唯有在这个基础上，我们人类才有可能建立起真正的而且是永久的和平！

第4章
病态亚洲与“第三次世界大战”

亚洲与欧洲孕育了当今世界最先进的文明，同时亚洲与欧洲也一起孕育了20世纪两次最为惨烈的世界大战。当德国法西斯的铁蹄无情践踏欧洲的时候，亚洲日本帝国主义的野蛮之风也在横扫整个亚洲。从今天欧洲的政治来看，欧洲虽然在北爱尔兰和巴尔干等局部地区还存在着一些不安定因素，但总的来看，欧洲地区爆发世界大战的可能性在明显减少。

非洲地区历来贫穷而不太平，在世界文明史上，非洲的影响力一直很有限，从古至今，在非洲地区发生的任何事情都很难引起全球大国的兴趣。因此，不管非洲发生多么大的事情，也不会引发全局性的世界大战。

相比之下，亚洲则越来越成为最容易发生世界性战争的地区，这种趋势越来越明显：

其一，亚洲将是地球上人口爆炸最严重的地区。公元元年前后世界上大约有 2 亿~3 亿人，公元 1900 年左右，世界人口增加到 16 亿人。而到 20 世纪末，短短的 100 年时间，世界人口则从 16 亿人增加到 60 亿人，几乎翻了两番。预计到 2050 年世界人口将超过 100 亿人。在 21 世纪庞大的人口中，60%生活在亚洲。人口的快速增长，将使亚洲本来就十分残酷的生存竞争更加具有血腥气，这种竞争必然导致激烈的冲突和战争。

其二，亚洲是世界上资源竞争最激烈的地区。资源竞争是人类生存竞争的焦点，在第二次世界大战期间，美国之所以动用舰队封锁日本西部海岸，其目的即在于此举可以阻断来自印度洋国家的石油供应，从而迫使日本屈膝投降。日本之所以轰炸珍珠港，其原因也在于日本帝国的政治家明白，如果日本的海上石油供给线被掐断，日本将是一条必死无疑的鱼。历史学家还发现，希特勒最终之所以走向失败，也与石油有关。如果德国在当时获取足够的石油，第二次世界大战的结局将可能是另一副模样。同样，美国和欧洲国家对中东地区一直抱有极大的兴趣，其目的绝对不是为了在中东推行所谓的民主，其意图也是为了石油。

作为维持人类生存和持续发展最重要的两种资源——煤炭和石油，目前正在面临枯竭的危险，石油危机尤其严峻。根据一些权威机构的估计，人类自 1859 年在美国宾夕法尼亚开凿第一口工业油井以来，共开采了约 7420 亿桶石油。根据目前估计，世界石油存量约为 10000 亿桶。即使最乐观的估计，在目前消耗量不变的情况下，世界石油储量只能维持 45 年。到 2050 年世界将有 70%的人口面临严峻的资源危机。在世界资源竞争战场上，亚洲显然是资源竞争最为激烈的地区，“石油战争”随时可能爆发。

其三，亚洲是东西文明冲突和文明内部冲突最严重的地区。在亚洲地区存在如下七个极易成为“第三次世界大战”导火索的矛盾：一是台海矛盾；二是中东与西方世界的冲突；三是韩国和朝鲜之间的矛盾；四是中国与中国南海诸国之间的领土之争；五是印度与巴基斯坦之间的冲突和矛盾；六是中国与印度之间的冲突和矛盾；七是中国与日本之间因钓鱼岛发生冲突。

其四，亚洲是世界上军火密集程度最高的地区。目前国际军火贸易额达到 250 亿~300 亿美元，美国、俄罗斯、法国、英国、德国等国家是其供货商，而这些军火最大的消费者则是亚洲国家。其中，中国的台湾地区、中东的沙特和日本等国家和地区都是最大的军火消费者。此外，世界八个核武器国家中，亚洲国家则占一半。目前，朝鲜、伊朗正在雄心勃勃地企图成为核武器国家。

与欧洲和世界上其他地区相比，亚洲已经成为孕育“第三次世界大战”最大的温床。无论从地理位置，还是从政治环境来说，中国都处于亚洲中心地区，其处境可想而知。

第5章 论农民与土地问题

以农民为本，革命无往而不胜

中国革命的历史已经多次证明，任何一个政党与组织要想在中国取得政治上的成功，必须首先正确处理好与占中国绝大多数人口的农民的关系。以农民为本，不是一时的策略问题，而是一个关键性的原则问题。以农民为本，革命将无往而不胜；反之，图一己一时之利，欺骗农民，耍弄农民，中国农民所具有的极强的反抗性与高能量终将残酷地回敬那些自作聪明者。

农民问题、土地问题一直是中国革命的核心问题。有人说，中国的现代历史是由孙中山、蒋介石和毛泽东三个人主演的；也有人说，近代中国出了三位伟人，他们是孙中山、毛泽东、邓小平。这几位人物在中国的政治舞台之上展示自己的宏图大志，得失成败，无不与土地、农民有关。

近现代中国政治家中，思想与现代资产阶级民主思想最为接近的当数孙中山。孙中山在革命理论上以提出民族主义、民权主义、民生主义的“三民主义”而名垂青史，在政治上因提出为当时尚处于襁褓中的中国共产党所能接受的中国革命路线而深受共产党人的爱戴，孙中山的农民革命路线便是其中的核心内容。根据历史记载，孙中山年少时就敬慕太平天国时期“天朝田亩制度”。1905 年 1 月，孙中山在日本准备创立中国同盟会时就提出了“平均地权，节制资本”的革命纲领。1924 年 1 月，在国民党第一次全国代表大会上，孙中山重新解释了自己的“三民主义”，明确提出反对土地为少数人所操纵，并在以后的革命实践中，提出了“耕者有其田”的政策，承认农民应该享有土地所有权。孙中山未能将自己的革命理想变为现实，一则是因体弱多病，“出师未捷身先死”；二则是在国民党内部，围绕农民问题也存在着严重的分歧，特别是后来掌握国民党政权的蒋介石也因被有大地主阶级背景的军人和官僚集团所包围，把枪口对准农民。

蒋介石是孙中山的得意门生，但在宣传中，蒋介石一直被看成是孙中山的背叛者。孙中山的遗孀宋庆龄也多次在不同场合公开谴责蒋介石背弃了孙中山的主义。很多资料表明，蒋介石在农民与土地问题上也是首鼠两端，前后矛盾。蒋介石曾经担任北伐军总司令，在领导这场统一全国的战争中，蒋介石曾经得到了广大农民的支持，他深知农民力量的强大。《第三只眼睛看中国》的作者王山曾经这样说过：当他（蒋介石）在城市上层社会势力和外国资本利益集团的压迫下最终把枪口指向农民时，他不仅要经受胆量的考验，而且肯定也遭受了道德上的折磨。蒋介石把曾经给予他巨大支持的中国农民阶级作为自己的敌人，注定了以后这个政权的发展方向，这便是人所共知的，蒋介石被他的政治对手毛泽东赶到了中国台湾岛上去了。蒋介石最初用暴力平息了愤怒的台湾人以后，便认真总结大陆政策失败的教训。到达中国台湾以后，蒋介石在某种程度上回归了孙中山的土地政策，并进行了彻底的土地改革，使广大的台湾人民获得了土地，从而赢得了台湾民众的支持。一个行将就木的政权竟然奇迹般地存活了下来，并在台湾岛上创造了令世人震惊的经济成就。

与蒋介石失去对中国内地的控制权形成鲜明对比的是，毛泽东则因技高一筹地看到了农民问题对于夺取中国政权的极其重要性，并天才性地应用自己的学说进行组织指挥，从而将存在于千百万农民中的革命势能转变为动能。毛泽东的胜利，不仅是对蒋介石忽视农民的胜利，也是对中国共产党内教条主义的胜利。

马克思主义是无产阶级的政治学说，虽然广大的中国农民并不比同时的工人阶级拥有多少财富，但严格来讲，马克思主义学说是排斥广大农民阶级的。马克思主义学说产生于资本主义高度发达情况下的欧洲，在这个地区，广大的工人阶级已经成为社会的主体阶级，而农民则处于微不足道的地位。因此，无产阶级革命在取得胜利之后，在解决革命的主要矛盾即无产阶级与资产阶级的矛盾以后，便可采用合作社或者其他方式顺便解决对农民的改造问题。中国的人民公社制度可追溯到苏联的集体农庄制度，而苏联的集体农庄制度显然来自于马克思学说中的合作社制度。

十月革命一声炮响，给中国送来了经过苏联人包装过的马克思主义，马克思经典作家们对于农民的学说也被中国早期的共产主义学者奉为圣经。学问精深、脾气暴躁、学者名声远大于政治家名气的安徽籍政治家陈独秀就是一个杰出代表。陈独秀原则上承认农民力量的伟大，但在具体谈到中国的农民能不能参加革命，或者说，这个阶级能否作为革命的同盟者时，陈独秀又极力贬低农民的革命性。在陈独秀看来，“农民居处散漫势力，不易集中”，“文化低，生活欲望简单，易于趋向保守”，“中国土地广大，易于迁徙避难苟安”。出于这样几点考虑，陈独秀否定中国的农民能参加革命。

在这种指导思想支配之下，在与国民党进行第一次合作时，由陈独秀领导的中国共产党人对于农民采取了一种极其保守的政策。因此当国民党反动派对中国共产党采取清除政策时，共产党也因自己仅仅是个单纯的知识分子政党而处于一种孤立无援的地位。当国民党反动派对共产党磨刀霍霍的时候，中国共产党人也只好自认倒霉了。仅根据中国共产党第六次全国代表大会时的统计，从 1927 年 3 月到 1928 年上半年，被国民党反动派杀害的共产党人就有 2.6 万人之多。根据 1927 年 11 月的统计，共产党员的数量从 6 万人减少到 1 万人。这便是中国共产党人抛弃了中国农民的结果。第一次国共合作以后，陈独秀在中国共产党内的地位一落千丈，一直到今天，许多中国共产党人仍然不能原谅陈独秀的过失。在中国的历史教科书中，陈独秀仍然被冠以中国共产党内右倾机会主义的代表，与陈独秀的斗争被看成是中国共产党内第一次路线斗争。承受着这巨大的历史重负，陈独秀在凄凄惨惨中走完自己的生命历程。他的坟冢形单影只，位于今天安徽省的某个边远小镇，荒草萋萋，无人问津。

与中国共产党创立之初的许多领袖人物相比，毛泽东则把中国革命的希望完全寄托在中国农民的身上。在其后的革命生涯中，毛泽东把自己的毕生精力投入到农民革命之中。当中国共产党内部有人对农民革命进行过程中的若干激进行为进行谴责时，毛泽东则高喊“痞子运动好得很”，并极力为湖南等地发生的农民革命进行辩护，称这些地区的农民运动不是“糟得很”，而是“好得很”，并一再为此欢呼。严格来讲，毛泽东发动的革命事实上是广大农民与上层以地主阶级为主体的领导阶级的斗争。社会发展越落后，革命越容易取得成功。毛泽东领导的农民革命在不到 30 年的时间内就占领了全中国，夺取了中国政权。

剥夺农民，殃及社稷

毛泽东曾经说过：“中国共产党进北京是在参加一场考试。”摆在共产党面前的第一个题目同样是农民问题。新中国成立之后，中国莫名其妙地被卷入了脱离实际的社会主义试验田中。前一阶段是以农业合作化为典型特征，而后一阶段则以灾难性的“文化大革命”为代表。

在第一阶段，毛泽东把中国的广大农民看成了小生产势力的代表者。列宁所讲的“小生产每日每时地产生着资本主义”，被当成打破农村小生产势力的大棒。在遍及全国性的合作化运动中，土地被放到了国家的口袋之中。一些人因反对这种“归大堆”的合作化运动而遭到打击。在中国共产党领导层中，也发生了因对农业合作化提出不同意见而遭到打击的事件。

毛泽东在中国大张旗鼓地推行人民公社制度，可从两个方面找到原因：一是经济原因。新中国成立以后，中国面临的最大问题是中国极度不发达的工业基础，它需要广大农民勒紧裤腰带为工业提供棉花、工业用粮食以及巨大的工业发展基金。根据一些部门提供的资料，在新中国成立后的短短几年时间，中国的农业确实为中国的工业提供了近 7000 亿元人民币的发展基金。从这点来说，毛泽东采取的措施是情势使然。

然而，作为哲学家的毛泽东在这场运动中未能处理好哲学上所讲的“度”的问题，即优先发展工业与农业发展之间的关系，后果是，不仅使中国的农业和广大农民陷入一种一蹶不振的状态，而且因扼杀了农业的生命力而使中国的工业也遭到严重破坏。撇开特定历史阶段的政治原因不说，这也破坏了毛泽东所讲的工业与农业之间的辩证关系。当年的措施是为中国的工业提供发展空间，但中国并没有把这种巨大的发展空间变为工业发展的优势，反而中国的农业多年来因过度输出而处于一种虚脱状态。其中，把军事工业发展强调到一种极高的程度不能说不是一个深层次的原因。对于当时的国际形势，中国的一些政治家处于一种极度的敏感状态。在当时人们的心理之中，美帝国主义或者“苏修”会随时对中国发动进攻。在这种思想支配之下，中国的农业收入被用于工业，而工业的发展基金又被基本上全部用于军事去了。这些投入后来也因中国把大量的军事工业不远千里搬到一些深山老林中而造成了大量的损耗。苏联就是一个因军备竞赛而被西方拖垮的国家，中国事实上也是被与超级大国的军备竞赛拖得几乎耗尽元气。

现行农村政策的局限性

我家住在江苏苏北大平原，与城市不能相比，但与全国其他地区的农村相比，这里的老百姓应该说过得不错，可是在改革开放之前，这里的老百姓们却过着十分贫穷的生活。

那时，我还很小，少年不识愁滋味，看到全生产队的社员们都把自家的粮食送到生产队的粮仓，那圆圆高高的粮仓堆得到处都是，我与儿时的小伙伴们便在这些粮仓之间捉迷藏。当时真没想到，这些粮食可不是轻易吃的。饥饿时常袭击着父老乡亲们，我与父母也是那些希望能分点粮食的众多百姓之一，那时生产队的一些干部也与群众一样希望分点粮食。大家商量好了之后，便决定在夜间采取行动。我拉着父亲推粮食的手推车，看着社员们不敢发出任何声音、不敢发出任何亮光地搬运着粮食，当时的感觉真如后来读过的鲁迅小说中所写的盗坟掘墓的感觉一样。为了防止分粮行动被别村发现而告发到上面，家家户户都在自己的车轱辘上绑上稻草，以免发出声音。大家虽然暂时图一时之快，吃饱了几顿饭，但许多人的心始终吊在喉咙里，特别是那些村领导干部，生怕有一天受到传讯，或者被宣布撤职，或者被开除党籍。许多年过去了，现在跟朋友谈起这种感觉，很多人认为我是胡编乱造。可那种感觉如同那段历史一样在我心中却是永远抹不掉的存在。

中国把社会中的人分成工、农、兵、学、商。五行之中，农民最苦，直到今天，有些农民的生活状况与历史上的很多时期并没有太大的不同。中国最辛苦的是农民，享受利益最少的是农民，担负国家义务最多的也是农民。“文革”后期，所谓的“伤痕文学”鼓噪一时，那些被贬到广大农村中的城市干部与知识分子们，用手中的笔控诉了“文革”社会的阴暗面。在这些人的文字之下，中国的农村成了人间地狱，男盗女娼，尔虞我诈，官是贪官，民为刁民。人们过的生活简直是猪狗不如。然而这些人似乎不知道，中国的千千万万的广大农民千百年来就是生活在这片土地上的。

邓小平深知，中国农村人口占全国人口的80%，不解决中国广大农民的绝对贫困问题，让8亿多嗷嗷待哺的农民到处游荡，什么企业改革，什么政治体制改革，都将成为毫无意义的空气震荡而已。

邓小平路线在中国产生全局性的影响，是从解散乌托邦式的共产主义试验田——人民公社开始的。

20世纪60年代，安徽农村开始搞名为“救命田”实际是承包田的包产到户时，一直主管农村工作的邓子恢支援这种做法，刘少奇、陈云也表示支持。也正因为这一点，刘少奇后来获得了头号修正主义的罪名，当然这是后话了。正是在这个时期，邓小平引用了刘伯承常说的，那个后来因此名扬天下的民间俗语，即“不管白猫黑猫，捉到老鼠就是好猫”。这体现出了他关于处理生产关系与生产力之间模式的哲学：生产关系究竟以什么形式为最好，恐怕要采取这样一种态度，就是哪种形式在哪个地方能够比较容易、比较快地恢复和发展农业生产，就采取哪种形式；群众愿意采用哪种形式，就应该采用哪种形式；不合法的使之合法起来。

邓小平主持工作后，便将自己的哲学变成了现实。一些资料表明，到1983年，中国广大农村实行了联产承包责任制的农户已经超过农户总数的90%。一时间，联产承包责任制度使中国的农业处于一种空前的亢奋状态。于是，这种改革模式被作为一种正宗的方案继承下来。

土地联产承包责任制取代了土地大锅饭制度，无疑是历史的进步。这种极其简单但又极富挑战性的农业革命，让中国的广大农民的家里堆满了粮食，给中国带来了稳定的政治环境。实践证明，解散集体农庄的做法也是在“文革”后乌托邦式幻想破产后采取的唯一出路。邓小平也因此赢得了广大农民的爱戴和尊敬。在国际上，邓小平也被人称为是“制定了成功的农业政策的伟大领袖”。

但这场革命并没有彻底解决农村与农民问题，其出发点是为了解决当时农民的吃饭问题，运作方式仍然是一种小农经济的做法，一来它仅让农民获得了土地的耕地权，没有解决土地的所有权问题；二来它具有狭隘的时间性，5 年也罢，10 年也罢，50 年也罢，决定了它在实践中必然会带来一系列问题。邓小平时代，中国社会要解决的首要问题是人民的肚子问题，而当代政治家要解决的是社会的可持续发展问题。为此，这就要求中国的土地制度应该进行相应的调整。

关于耕者有其田

一提起土地所有权问题，很多中国人就会本能地认为，土地毫无疑问应该归国家所有。对于耕者有其田制度，很多人不是将之视为陈胜吴广等用来煽动农民进行武装起义的口号，就是把这个政策说成是类似战国年代的井田制之类的小生产主义的东西。在中国共产党人的现代文献中，似乎这是一个与共产党人没有什么关系的命题。仔细研究中国共产党人的早期文献，我们发现，中国共产党的许多早期领袖都主张由农民拥有土地所有权。

李大钊主张：中国民主革命的中心问题是农民问题，而农民的根本问题是土地问题。农民与土地问题，是关系到革命成败的关键问题。在《土地与农民》一文中，李大钊提出了土地农有的革命纲领。1925 年 10 月，中共中央在北京召开的第四届中央执委会第二次扩大会议上发表了《告农民书》，指出："耕地农有，是解决农民困苦的根本办法。"这是中国共产党第一次提出解决农民土地问题。

瞿秋白在 1927 年 5 月发表的《农民政权与土地革命》中指出，当农民只能享受自己收获之 40%的时候，地主阶级和军阀官僚实际上已经剥夺了农民对于土地的所有权。他认为"耕地农有"的要求，是中国革命客观上的结论。要推翻帝国主义、军阀对中国的统治和剥削，就必须彻底改变现有的土地制度，以保证农村经济的自由发展。

中国共产党第五次全国代表大会关于土地问题决议指出：没收一切所谓公有的田地，以及祠堂、学校、寺庙、外国教堂及农业公司的土地，将其交给耕地的农民。

中国共产党第七次全国代表大会指出："必须寻找适当方法解决土地问题，实行耕者有其田。"1946 年 5 月 4 日，中共中央发出《关于土地问题的指示》，即《五四指示》，决定将抗战以来在解放区实行的减租减息政策，改变为"实现耕者有其田"，并明确指出："坚决拥护群众在反奸、清算、减租、减息、退租、退息的斗争中，从地主手中获取土地，实现耕者有其田。"

新中国成立以后的一段时间，中国事实上也实行了这项制度。实践证明，这项制度在革命年代是取得革命胜利的法宝，在当代中国的市场经济建设和对外开放之中，这项制度也同样是个法宝。

实行耕者有其田制度，有利于把中国的广大农民始终团结在中国共产党人的旗帜之下。中国人民，尤其是中国的广大农民，参加革命的根本目的就是为了获得养家糊口的土地，因此国家什么时候、能在多大程度上满足农民对于土地的要求则决定着中国农业经济的发展状况，甚至在很大程度上决定着中国社会的未来发展方向。

中国土地政策的左右摇摆使广大农民对土地有一种患得患失的心理状态。1955 年对于广大农民来说是难忘的一年，因为在这一年，广大农民第一次成了土地的主人。可是好景不长，农民手中的土地又被其后的农业“大跃进”之风刮跑了。邓小平虽然让农民暂时拿到了土地，但国家作为垄断性的大土地“批发商”，按照 5 年、10 年、50 年的期限将土地“批发”给农民，则又使广大农民再次处于患得患失的状态。这种情况决定了广大农民不可能专心致志地从事土地经营，土地经营上的短期行为也便成为一种司空见惯的现象。农民难以制订长期的计划来进行土地的使用与休养，过度使用使我国的土地生产能力大为降低。

合乎农民利益的土地制度必将促进社会生产力的发展，反之，中国农村社会生产力所出现的一幅幅令人失望的画卷也是随着广大农民土地的被剥夺而逐步展开的。实现土地的所有权平稳过渡到农民手里，是中国现阶段农业革命的核心内容。让农民真正拥有土地，也是与中国目前的生产力发展状况相适应的，当工业没有发展到可为广大农民提供广阔的就业空间时，最好是把农民吸引到土地上。

目前中国的工业还在不断地向外分泌出劳动力，大批农民又纷纷进城与工人“抢饭吃”，其后果必然是，大批民工无工可做、无钱可挣，于是他们不断给城市添乱，增加麻烦，居高不下的外来人口犯罪率便是例证之一。大批农民进城同时也给城市工业自由裁减工人、进行体制调整带来压力，使急迫的工业转制面临极大困难。

土地产权异化

关于农村土地产权问题，我国《宪法》《民法通则》《土地管理法》《村民委员会自治法》等法律都有比较明确的规定，城市土地属国家所有，农村土地属集体所有是一项基本原则，但这项原则在实践中却大大变形。

农民作为所有权主体的权利被剥夺。我国《宪法》和相关法律规定，农村土地属集体所有。同时法律又规定，对集体所有的土地，由村农业生产合作社等农业集体经济组织或者村民委员会经营、管理。因此，农民作为土地真正的所有者的权利实际上被剥夺了，这是集体所有土地在产权方面的一个重大漏洞。

由于在土地所有权规定方面存在不少漏洞，许多乡镇基层政府成为集体土地的最具权威性的处置机构，使我国广大农村的大片土地流失。而广大农民在阻止土地的流失方面无能为力，只好靠一次次的上访与对抗来解决。有关资料表明，中国的耕地正以一种极其可怕的速度在减少。“六五”期间，我国平均每年净减少耕地 700 万亩；“七五”期间，我国平均每年减少耕地 400 万亩；“八五”期间，我国平均每年减少耕地 500 万亩，特别是到了最近几年，我国平均每年减少耕地面积都在数百万亩。如果把改革开放以来损失的耕地加起来，我国共损失耕地近亿亩，相当于减少了江苏省或者吉林省的全部耕地面积的总和。耕地的大量减少，直接导致我国的粮食总产量增长趋缓。人增地不增，必然导致粮食供应紧张，导致粮食价格上涨，最近全国范围的粮食涨价就是一种反应。对于解决中国人的吃饭问题，保护耕地仍然是最为关键的一个环节。

我国古代思想家孟子说过：“夫仁政，必自经界始，经界不正，井地不均，谷禄不平。是故暴君污吏必慢其经界。经界既定，分田制禄可分而定也。”

若将孟子的话翻译成现代汉语，我认为，他的话至少包括这样两个意思：第一，若土地所有权明晰化，人民便可以相安无事；第二，贪官污吏是土地产权不明的最大受益者。地方政府和地方官吏们利用手中掌握的土地使用权为所欲为，而广大的农民则成了最大的受害者。中国广大农村的社会矛盾大多因土地而起。

政地分开

为保护农村土地，应该实行政地分开制度。正如政府不再拥有项目审批权一样，也应该剥夺地方政府的土地审批权，国家靠产业政策引导农业生产，政府则以宏观调控取代直接管理。地方政府的职能是根据国家的法律规定，对土地的使用进行监督，并收缴各种税责。此外，目前广大农村各种税费多如牛毛，严重挫伤了广大农民的生产积极性。更为严重的是，一些地方的个别官员利用手中的土地处理权，侵害了农民的利益。有的地方甚至因农民不服而出现打斗甚至死人的事件。改革的办法就是进行费改税，将各种费用的收取纳入法律的规范之下。

土地市场化与企业下乡

将土地的所有权彻底交给农民，不仅是从根本上解决阻碍农业生产力发展的问题，也是为了解决工业在反哺农业时需要解决的土地市场化问题。我国的法律规定，农村的土地归农民集体所有，但在某些官员的意识中，中国的土地是归国家所有的。因此，一提到土地归农民所有，就会引起这些官员们的强烈反对。

越南同样是一个社会主义国家，但他们在土地制度的改革上要比中国大胆得多。1993 年 7 月，越南国会通过了《土地法》，规定农民可以长期使用土地，土地也可以转让、交换、租赁、继承或者抵押。

日本是一个市场经济极为发达的国家，但在很长一段时间内，他们对土地的管理也相当呆板。早期的日本《农地法》严禁土地流转，在大批工商业者的要求下，日本后来修改了《农地法》，决定让土地像其他商品一样可以自由转让。这个措施在很短的时间内就促进了日本农业的市场化水平，日本农业的现代化水平也大为提高。这个做法值得我们学习。

第❻章 培根的“野心论”

培根其人

弗兰西斯·培根（Francis Bacon，1561—1626 年），出生在伦敦临河街的约克郡。其家族为英国名门望族，其父是英国掌玺大臣尼古拉·培根男爵，母亲之名为安（Anne），乃男爵安东尼·科克之女。科克男爵曾为英王爱德华的太傅。培根的母亲信奉加尔文教，年少时曾受到非常良好的教育，婚后相夫教子，恪尽职守，在当时贵族阶层颇具美名。培根就是在母亲教育的氛围中长大的。

对于培根的幼年，人们所知道的并不很多。培根 13 岁时和长其两岁的哥哥一起就读于剑桥大学三一学院。人们大多认为培根是一个自命清高的知识“狂人”，这个评价在培根研究专家麦考莱的研究中得到证实。麦考莱在其《培根论》中这样说：培根在离开剑桥的时候，“他是带着这么一种心理走的。对剑桥的学科深为轻蔑；对英国的学校教育制度坚决地认为根本有害；对亚里士多德派的学者虚耗精力于其上的‘学问’有一种应有的藐视；对亚里士多德本人亦没有多大的尊崇。”①

培根所在的家族与英国的上层社会保持密切的联系，女王伊丽莎白就多次巡幸培根家族，并居住在培根家在哈弗州的高阑城的别墅里。正是在这幢富丽堂皇的别墅里，在这古老的橡树和榆树丛中，培根细心地研究把玩着政治上的运作模式，在其年纪轻轻时，培根就对如何巴结上司，如何处理好与上级、平级和下级的关系做了很透彻的研究。政治上的用心观察与细心思考，也使培根习得了如何谋取在官场飞黄腾达的战略规划与战术运作。培根一生在官场顺风顺水，从 1603 年的“法律顾问”到 1613 年的总检察官，从 1616 年的枢密官到 1617 年的掌玺大臣，最后到了 1618 年的大法官和维鲁兰男爵。这让我们不难联想到：一位伟大的学问家只要拉下脸来，善于将自己渊博学问与政治上的运作结合起来，也一定会成为一位成功的政治家。

培根的人品和政治操守曾经受到很多人严厉的攻击和批评。18 世纪英国著名诗人蒲柏一方面说培根是人类中“最睿智”“最机敏”的人，一方面谴责

①[英]培根.培根论说文集[M].水天同，译.北京：商务印书馆，1983：3.

他是人类中的“最卑鄙者”。也有人攻击培根，说他是一个政治上的看风使舵、忘恩负义和落井下石者，是一个政治道德上的小人和侏儒。在我看来，政治这个行业本身就是一个藏污纳垢的行业，它的运行基础与道德、伦理无关。一个拘泥于传统道德和规范的人，可以成为一个贤人、名士或道德君子，而绝不可能成为政治上的胜利者。政治就是信奉胜者王侯败者寇，尔虞我诈、见“官”弃义绝对正常。因此，人类文明几千年，政治上几乎就没有进化多少，过多指责培根在政治上的一些做法就是对这位大学者太苛刻了。意大利的马基雅维利因为在其《君主论》中坦率地公布了他对政治上的一些看法而被看成是那种为了目的不择手段的小人，培根或许也是因为在其《论说文集》中说得太多而招致各种各样的批评。“言多必失”，自古皆然！或许政治就是那种怎么干都行就是不能说的行业吧。

但是，不管怎么说，如果培根像他自己后来后悔的那样，即他不应该卷入政治旋涡之中而是一心从事写作的话，那么他或许更是一位空前伟大而瑕疵最少的学者和思想家了。当然，培根在政治上的所作所为和得失成败，并非我们谈论的重点，只是说说而已。

一个反女权主义者

培根是一位最著名的“现代科学之父”，同时也是一个坚定的反女权主义者。

在詹姆斯一世统治英国时期，女权主义运动在英国蔚然成风，一些女权主义者不满意社会对妇女角色的安排，采取种种在当时被人们看作是有些异端的行为。例如，她们剪短发，戴着装饰有高冠或羽毛的男人的帽子，一些妇女还腰佩短剑。这些做法让当时的詹姆斯一世极为恼火，在征得牧师们支持后，詹姆斯一世在全国掀起禁止女人穿男性化服装和打扮的运动。培根以国王总检察官的身份对詹姆斯一世发动的这场运动给予极大的配合和支持。

在培根出任国王总检察官的时候，英国发生了一起由两位女子会同一位男子策划实施毒死一位伯爵的影响极大的案件。其具体情节是：汤姆斯·欧弗伯瑞（Thomas Overbury）作为这个案件的被害人，他公开反对他的朋友即萨默塞特伯爵与伯爵夫人（Countess of Somerset，本案的被告之一）之间发生的诸多浪漫事。欧弗伯瑞说，“书本是男人天赋特权的一部分”，作为一个完美的妻子，其职责就是把善良、美德、理智和常识集中于一身，而不在于是不是拥有太多的学问和技巧。伯爵夫人被欧弗伯瑞的言辞深深激怒，于是谋划要内科医生的遗孀特纳（Turner）和药剂师富兰克林（Franklin）帮忙毒死欧弗伯瑞。[①]

培根作为国王的总检察官参加了对这个案子的审理，他针对伯爵夫人准备了两套不同的说辞，结果伯爵夫人认了罪而被赦免，而特纳女士则被判处死刑，并被送上绞刑架。法院之所以判处特纳死刑，原因则与特纳穿着奇装异服有关，在当时人们看来，身穿奇装异服甚至比杀人更是罪恶，而最深层次的原因则与詹姆斯一世的干预和培根的社会影响有关。

笔者之所以要花费很多笔墨介绍这个案子，并不是因为这个案子有什么特别的地方，而是因为培根最喜欢用司法语言来阐述他对自然和宇宙本性的观点。培根在司法中如何对待被审判的女人，就是如何对待自然，对待宇宙世界的。而他的这个观察世界独特的角度彻底改变了人们看待世界的观点。

①[美]卡罗琳·麦茜特. 自然之死[M]. 吴国盛，译. 长春：吉林人民出版社，1999：183.

“拷问”大自然

培根在政治上是一个拥护君主独裁的反民主主义者；在政治品行上是一个典型的机会主义者；在男女社会关系上，是一个不折不扣的男性中心主义者；在处理人类与自然的关系问题上，培根则是一个藐视自然的人类至上主义者。培根毫无讳言地说过，他的目的就是要用知识帮助人类建立起对于自然的统治。

培根阐述其自然观大多是采用司法和性隐喻两种语言模式。我们无须去推理分析，只需要原汁原味地抄录一些培根描写的语录就足以让你透彻明了培根关于自然与宇宙本性的主见了：

“正如人不被弄上十字架，你永远也不会知道或证明他所欲所想，不把变幻无常的希腊海神束紧捆牢，他也从来不会改变形状。故此，自然也只在审讯和技术（机械装置）的逼迫下，才最能显现自身。”

“如果追寻真理就是你的全部目标，你就应该毫不犹豫地深入这些边边角角的地方，你的尊严就在你所掌握的事例之中。”

“有充分的基础相信，自然的子宫中仍有很多极有用处的秘密，它们与现在我们所知的任何事物都没有类似或相当之处……只有以现在所言的这种方法，我们才可以迅速、即刻、同时地预知和发掘这些秘密。”

“我们无权指望自然来屈就我们”，而是要“不顾一切地抓住时机”，拖延和咬文嚼字的论证“只会使我们更依存于自然，而永远不能掌握和占有她”。

“借助工艺和人手”，就可以“迫使自然脱离它的自然状态，被榨取和改造”。

“为什么我们不能把自然哲学分为两个部分：矿井和熔炉”，因为“自然真理深藏在一些矿井和洞穴之中”，藏在大地的深处。

自然，“她被置于限制、制作和塑造中，被技艺和人手做成新东西，像人工制品所表现出的那样”。

“我邀请大家走过自然的外院，找到一条通往她内室的道路。自然可能怕羞，但她能被征服。当自然游荡时，你必须像猎狗一样地跟随她，如果你愿意，你将能够引导她，驱赶她回到原地。”

“对待自然就要像审讯女巫一样，在实验中用技术发明装置折磨她，严刑拷打她、审讯她，以便发现她的秘密，逼她说出真话。”

……

总之，在培根的眼中，自然不再是古希腊文化中那种兼具有养育者和教导者的女性，而是可以也是必须予以征服的女性，可以说简直就是必须动用如刑罚一样的科学手段予以征服和控制的女巫。人类与自然的关系就是征服和被征服的关系，而不可能是别的。

人定胜天

培根是一个新教徒，在他看来，在受到蛇诱惑偷食禁果之前，人类在这个世界中的地位“仅次于上帝”，对于人类来讲，他们根本没有主宰和控制自然的必要，因为人类本来就是世界的主宰和统治者。而人类一旦堕落之后，就失去了对自然的控制权。人类唯有通过对自然的征服，才能重新取得对世界和宇宙的统治权。

在培根的眼中，“人不是直立的动物”，“而是不朽的灵魂”。“造物主赐给了我们容纳世界的灵魂，但整个世界却不能满足我们。”培根自信，任何事情对人类来说都是可能的，我们的时代正年轻，只要再给我们短短几个世纪，我们就能驾驭和改造万物。

“最伟大的人”

培根是那种鼓励人类征服一切的思想家。在论述人类的野心时，培根指出：“区分人类野心的三个不同种类或三个等级：第一种野心属于那些要在本国的内部扩张势力的人。这是一种卑下和堕落的野心。第二种野心属于那些努力将本国的势力和个人统治扩张到全人类的人。这种野心虽然有较多的尊严，但却不乏贪婪。但是，如果一个人力图在宇宙中确立和扩张人类的势力和统治，他的这种野心无疑比前两种更有益、更高尚。”得陇望蜀，得寸进尺，就是培根理论的核心追求。

第7章
牛顿：世界就是一架大机器

“最后一个巫师”

牛顿到底是一个什么样的人？自然是仁者见仁，智者见智。要告诉你一个真实的牛顿，就必须借助那些权威的牛顿传记材料。把牛顿的《自然哲学的数学原理》翻译成为中文的赵振江先生是一个有心人，他在研究之余，还孜孜不倦地收集牛顿的各种传记文本。综合赵振江先生收集的五种牛顿传记和笔者自己收集到的其他材料，我们不难看到一个多元化的牛顿。

牛顿是一个聪明绝顶的人。伊萨克·牛顿，1643 年 1 月 4 日出生于英国林肯郡的乌尔索普，是从男爵（或译准男爵）约翰·牛顿家的长房子孙。牛顿家族是一个非常显赫的家族，当时拥有乌尔索普庄园已达到 200 多年。牛顿家族来自同一郡的韦斯特比，但祖籍在兰开夏郡的新城（Newton）。牛顿的母亲，做姑娘时的名字叫汉娜·艾斯库，同样来自于一个古老的家族。她在牛顿的父亲去世以后再次嫁人。牛顿 12 岁时，被母亲送到位于格兰瑟姆的语法学校读书。几年以后，牛顿的母亲又把他从学校接了回来，原因在于母亲要培养他照料自己的产业。但母亲最终还是把小牛顿送回学校，原因是她发现牛顿对母亲希望他做的事情心不在焉，而对书本学习则如痴如醉。

对于年幼的牛顿来说，人生最大的理想就是进入剑桥大学的三一学院读书，并在 18 岁那年如愿以偿。1661 年，牛顿获准入学剑桥大学。当普通孩子一看到欧几里得的几何学就望而却步的时候，牛顿却认为这本书不值得他浪费时间去阅读。早在大学时候，牛顿就开始钻研笛卡儿的几何学和开普勒的光学。在仅仅只有 24 岁的时候，牛顿就已经在几何学上做出了重大的发现，并为其后的学术研究奠定了扎实的基础。难怪法国作家丰特奈尔如此感慨："如果那些高于人类的生物在知识上有类似的进步，他们在飞的时候我们在爬；当我们困难地从一条真理向另一条与它相关的真理缓慢地前进时，他们一跃而过。"①

但在另一些人看来，牛顿却是另一个面貌。牛顿在剑桥的继任者惠斯顿在谈起对牛顿的印象时说，牛顿有"我所知道的最胆怯、最警惕和最小心的气质"。②牛顿与胡克、莱布尼兹以及弗拉姆斯蒂德等人围绕著作权所发生的争吵或许就是这种气质的证明。牛顿一辈子大脑都处于高度的紧张状态，完全不关心女人，如果不是在朋友的反复催促下，他一般不会主动发表自己的研究成果。而在英国著名经济学家约翰·梅纳德·凯恩斯（John Maynard Keynes）的眼中，牛顿则成为"最后一个巫师""最后的巴比伦人和苏美尔人"。

凯恩斯通过研究牛顿晚年留下来的资料发现，牛顿把一生中的很长时间用于研究古老的占星术，并期盼通过研究自古至今这些神秘的巫术来获取关于这

①[法]丰特奈尔，等. 牛顿传记五种[M]. 张振江，译. 北京：商务印书馆，2007：4.

②[法]丰特奈尔，等. 牛顿传记五种[M]. 张振江，译. 北京：商务印书馆，2007：288.

个世界的内在奥秘。凯恩斯在解释他为什么把牛顿看成是一个“巫师”时说道：“因为他把整个宇宙和其中的一切看作一个谜语，看作一个秘密，这一秘密通过应用纯理智于特定的证据、特定的神秘线索就能弄明白，这些线索是上帝设置在世界中用来让一类哲学家精英寻求秘密的同行关系。他相信这些线索部分地在天空的以及元素构成（这是错误地认为他是实验自然哲学家的原因）的证据中被发现，部分地在一定的论文和传说中被发现。这些论文和传说由同业的人沿着一根完好的链条传下来。这根链条上溯至巴比伦最初的神秘启示。他把宇宙看作是全能的上帝设置的密码——正如他自己在与莱布尼兹的通信中把微积分的发现隐藏在密码中。由纯理智，由思想的集中，他相信那个谜语会被内行人揭示。”①

机械自然观

1687年，牛顿出版《自然哲学的数学原理》，标志着牛顿机械自然观的正式创立，从此，牛顿的机械自然观统治人类达两个世纪之久。

在这部巨著中，牛顿用一组方程把行星和地球的运动联系了起来。在牛顿看来，只要给定物体的质量、运动的速度和受到的力，就可以预测出这个物体接下来会如何运动。天文学家兼数学家拉普拉斯将牛顿理论的“机械化”意味推高到极点：牛顿定律将保证，假如有这样一个超级精灵，他能够获悉宇宙中一切物体在某一时刻的位置和力，那么他就可以预言此前的整个历史和随后的所有发展。一句话，在拉普拉斯看来，宇宙中间的所有物质，无论是最大的天体，还是最微小的原子，没有什么东西是不确定性的，一切都在严格的因果法

①[法]丰特奈尔，等. 牛顿传记五种[M]. 张振江，译. 北京：商务印书馆，2007：4.

则主宰下运行。在这个世界中，不存在偶然性这个冒失鬼。

17 世纪，机械唯物论崛起，在解释自然上，它超越了之前的所有哲学。文艺复兴后期的哲学家倾向于把世界看作是一架大机器，也有人把宇宙世界比喻为钟表。这种比喻后来逐渐扩展到动物和国家上。这种世界架构的设置，隐含着人类企图操纵宇宙如玩偶的原始冲动，也正是这种原始的冲动决定了科学的萌芽和越来越迅速的发展。

第8章
民主：消弭市场经济之弊的法宝

民主是人类对传统的精英统治逐步绝望与无奈的产物，同样民主也是在市场经济这种经济形式下，能够将国民统一到国家与民族的旗帜下进行民族自我奋斗的唯一手段。

在经典作家的眼中，人类是沿着奴隶社会、封建社会、资本主义社会、社会主义社会以及共产主义社会这个轨迹而前进的。在时髦的未来学家的眼中，人类社会继已经走完的农业文明、正在进行的工业文明之后，将步入以知识竞争为核心的信息文明。但是，在现实主义的政治社会中，还没有哪一个国家发明一种能够成功取代正在运行的市场经济形式的新的经济运行制度。如今，国家与国家之间大部分只有实行市场经济程度的不同，而很少有是否实行市场经济的分野。

市场经济是一种把经济发展权完全给予国民、国家无为的经济形式。对于如何选择合理的投资项目，如何进行投资合理性与有效性的评估，如何进行生产要素的合理组合，如何发现和开拓市场，国家是不感兴趣的。国家的任务就是制定市场经济竞争规则，制裁违法违规者并从纳税人那里获得资金以维持日常的行政运转。

英国是发展市场经济最典型的国家之一。自英国的工业革命之后，市场经济一直作为一种最富有活力的经济形式而占据绝对的统治地位。这种形式虽然在占地球面积几乎一半地区曾经遭到强大的抵抗，但到今天，各种有形的、无形的抵抗大部分均如建立在东西德国之间的柏林墙一样轰然坍塌而不复存在。这种形式使传统的西方国家如虎添翼，也使后来居上的一些经济次发达国家创造了一个又一个经济奇迹。

市场经济的优越性来自这种经济形式顺应了人类的本性。“人为财死，鸟为食亡”是人们对封建社会中人类本质的总结，直到今天，我们也没有见到这个本性在芸芸众生的身上有什么改变。封建主义的政治是一种仇视民众、鄙视民众，使人不成为人的政治。同样，其经济也是一种国家高度垄断，而民众仅仅作为小自耕农被束缚在一块块井田之上。市场经济则解放了深藏于人性之中的本能，第一次使经济的发展与人的发展统一起来，第一次使经济的解放与人的解放统一起来。

但是，也正是这种最深层次人类本能的释放，使人类社会面临着前所未有的挑战。在市场经济下，文明与文明之间的对抗空前尖锐。一个国家与社会的稳定只是一种转瞬即逝的事情，国民在经济欲望这颗北斗星的主导之下，一切行为的出发点都只有利己主义，什么国家的利益，什么集体的利益，什么他人的利益，都成为自我利益的牺牲品。虽然有那伟大的经济学家亚当·斯密企图安慰我们说，人类为了追求自己的最大利益的同时，不得不考虑到其他人的利益。虽然也有一些经济学家企图证明，资本本身就是一架能自行调节的机器，能够自行调节好个人与国家、社会与他人的利益冲突。

在马克思所说的“利己主义打算的冰水”之中，国家已经很难再把国民统一到自己的政治与道义旗帜之下。对于国民来说，国家已经成为一种异己的存在；对于国家来说，国民也同样成为一种异己的存在。国民与国家严重地处于一种分裂之中。

将市场经济情况下的国民与国家统一在一起，仅仅靠国家的暴力是不够的，再说这种失去民众支持的暴力到底具有多大的能量也是一个值得怀疑的问题。我们认为，要使国家在市场经济的新态势下恢复旧日的威风，必须对整个社会关系进行革命性改造，而且，能够将在市场经济下国家与国民联合在一起的，只有民主体制。这种改造的程序就是：将少数政治精英对国家政治生活的垄断权进行分解，把国家的行政管理权由精英独占变为由精英和国民共享。只有这样，才能克服市场经济所不可避免地带来对国家凝聚力的瓦解，消除国家与国民之间的分离状态。

第⑨章 唯有东方之学才能拯救世界

鲁迅曾经说过："地上本没有路，走的人多了也便成了路。"同样的道理，天下也本没有那么多的规矩，但当循规蹈矩的人多了，世间的规矩也便越来越多。

为了防范人与人之间的恶性竞争，为了人类的生存，人类总会发明许许多多的规则、纪律、法律、教条，这本是人类生存所必需的东西。但是，当这种规矩太多、太死以后，这些东西便成为束缚人类进步的障碍了。

中国历史有时出会现令人窒息的停滞与倒退，确与中国文化存在太多的规矩有很大的关系。在中国的古老文化中，部分潜伏着无数对中华文明的元气构成致命威胁的血吸虫，它通过对人性的全面禁锢，把中国人的灵魂铸上一个坚硬而难以破碎的硬壳，使一个本来充满希望的社会长期处于冰冷而如死亡一般的停滞状态。

不彻底根除中国传统文化血液中的血吸虫，不彻底打碎中国传统文化领域中那些弥漫着霉变气味的坛坛罐罐，中国是不可能有任何进步的。

中国之"国粹"，以儒学为纲，而集道家、佛家、法家等思想于一体。中国的“国粹”，盛行于暮气沉沉的政治时代，大多出自三教九流之手，从本质上讲，属于颓废年代的颓废之学。挣扎于这种文化之中，会让人有一种漫漫长夜见不到一丝光明的无望之感。

中国的“国粹”，许多教条和理论看上去好像高深莫测，实质上，如果真的按照这些教条行事，培养出来的民族和国民，恰如胡适所说，重的是那种“阿谀依违，苟且媚世的无耻小人”，轻的也会是那种“不关社会痛痒，不问民生疾苦，乐天安命，听其自然的废物”①。即使没有糟糕到如此地步，按照这种教条培养出来的，至少也是那种如辜鸿铭所说的是一个永远“带有幼稚之相”、永远长不大的民族②。

一个国家的思想家们的思维方式与思想内容，是衡量一个民族开化水平和文明程度的重要标志。以儒家、道家、法家为代表的中国早期文人的思维模式和思维深度，确实反映了中华民族在开化的最早阶段所显示的那种特征。

中国的“国粹”产生在礼崩乐坏、社会解体的春秋战国年代。这个时期是中国历史上极其混乱的时期。根据史书记载，在那几百年封建社会、半封建、半殖民地的历史中，中国大地上处于一片厮杀之中，各国君主诸侯们杀人如麻。孟子说：“今夫天下之人牧，未有不嗜杀人者也。”根据史书记载，男子年龄刚到 15 岁就不得不走上前线去战斗，四五十万俘虏一起被活埋的事情屡屡发生，诸如“斩首六万”“斩首七千”等屡屡见之于当时的史书之中。惨烈的战争导致社会一片萧条，民不聊生。孟子所说的“民有饥色，野有饿殍”就是那个时代的真实写照。③

社稷江山土崩瓦解，人不像人，鬼不像鬼，国家的最高领袖成为任人劫

①胡适. 中国哲学史大纲[M]. 北京：东方出版社，1996：212.

②辜鸿铭. 中国人的精神[M]. 桂林：广西师范大学出版社，2002：32.

③黄仁宇. 赫逊河畔谈中国历史[M]. 北京：生活·读书·新知三联书店，1992：4.

持、随意摆布的玩偶，而那些从前还神气活现满口之乎者也教训天下小民的官僚们也立即现出原形，顿失往日之威风和权势。龙归大海，虎落平原，这些亡国之臣宛如那些被捣翻鸡窝的鸡一样，虽留恋那臭气熏天却温馨无比的鸡窝，却像天女散花一样，无奈地散落到社会的各个角落，不得不以一个“庶民”“小人”的身份而存在。有的人满腹经纶，怀抱鸿鹄之志却报国无门；有的人精通厚黑之学，却难以施展举脚；有的人死守着“天下皆醉，唯我独醒”的清高而遁入山林，远离尘世；有的人依仗平日练就的鸡鸣狗盗之术服侍达官贵人而养妻育子，苟且偷生；有的人玩世不恭，甚至落草为寇，干起杀人越货的营生；当然，有的人虽然穷困潦倒，落寞凄凉，但其忧世情怀却难以泯灭。

这些官宦之人，如宋代文学家范仲淹所说是“居庙堂之高，则忧其民，处江湖之远，则忧其君”，真是“进亦忧，退亦忧”，最后终于“忧”出五花八门、各种各样的流派，也无意中造就了不少自以为是、也确实能够自圆其说的“百家之说”。

著名历史学家司马迁之父司马谈把“诸子百家”分成阴阳家、儒家、墨家、名家、法家和道家（或称道德家）六派。历史学家刘向之子刘歆把这些学派分成九派，即道家、阴阳家、法家、名家、墨家、纵横家、杂家、农家和小说家等。这真是三教九流。①

这些思想家以不同方式表现出来的思想，是中国人开始进化的标志，本身是一个进步，但是令人感到不可思议的是，作为古老周王朝的成功经验与其后兵荒马乱的中国特殊国情相结合的产物，即儒家思想，何以能对其后中国社会产生那么大的影响？在中国，死人何以能够一直左右活人的思想？中国人何以能依靠一两个人的语录来保持自己种族的连续性？中国人在几千年的历史长河

①冯友兰.中国哲学简史[M].北京：新世界出版社，2004.

中，进化何以那么艰难呢？

经过第一次世界大战和第二次世界大战，整个西方，甚至是整个世界都陷入一片无以复加的混乱和萧条之中。如何拯救整个西方世界，使之告别梦魇一般的过去而融入国际社会，确实成为摆在全人类面前的一个大问题。

作为欧洲未来保护者的美国，对于欧洲的出路首鼠两端，莫衷一是。在20世纪30年代后期，美国人普遍认为欧洲已经堕落为一个世界级的战争孵化器，其体制是腐朽的，战争是其畸形的变态的表现，因此，必须彻底削弱欧洲的力量，使欧洲从世界政治舞台上退出，最起码使之在世界舞台上显得无关紧要。随着冷战的结束，美国日益成为全球恐怖分子进攻的目标，美国需要集中精力应对欧洲以外的事情，美国的立场则从一个极端走向另一个极端。美国怂恿欧洲加大军备开支，提高军事防务水平，重新进行军备武装，以独立承担欧洲安全的责任。欧洲内部各个国家对于如何摆脱战争噩梦走向新生也是仁者见仁，智者见智。

在涉及欧洲前途和命运的争论中，中国的古怪思想家辜鸿铭则告诉世人，中国文化是世界上最优秀的文化，中国人是世界上最有德行的人。在被物欲所主宰的世界上，在被赤裸裸的理性主义和意志至上主义所左右的世界里，只有中华文明才能拯救这个世界，只有中华文明才是人类发展的方向。在他看来，中国文化堪称人类智慧的奇葩中最耀眼的星星，可以说中国的文化没有任何瑕疵，说中国文化是白璧微瑕都是对中国文化的亵渎。在他的眼中，就是像慈禧太后这样的人也都成为人类最优秀女性的代表。就连罪恶的帝制和让女人裹脚足不出户，也是应该予以发扬的东西。

在辜鸿铭看来，能够把欧洲人从黑暗中解放出来的奥秘掌握在中国人手中。在这位思想家看来，中国人的腰间揣着战后欧洲重建新文明的钥匙。欧洲人如果真想摆脱给他们带来无穷灾难和流血的命运，唯一的出路就是来中国取走中国的文明，利用中华文明中的“礼”和“义”来改造欧洲人。只有使欧洲人不再像欧洲人，而像我们淳朴、博大、深沉、灵敏的中国人；只有用中国文明孕育的道德伦理，才能使欧洲乃至西方世界走向光明。否则，这个世界将永远浸泡在黑暗之中。①总之，只有中国人，只有中华文明，才能救全人类于水火之中，自然包括西方世界在内。

与辜鸿铭之类一味为中国的古老文化护短的民族自大狂不同，中国的另一位知识分子胡适则在某种程度上从另一个极端为中国古老文化的一些方面高唱挽歌。

美国历史学家斯塔夫里阿诺斯曾如此写道：“东周时期是一个思想文化大变动、富有创造力的时期，它使人联想起希腊的理性主义哲学家和印度的佛陀以及其他宗教改革者在类似情况下所取得的成就。”②胡适则将这个观点发展到一个极端。在胡适看来，中国古代文化蕴含着实现现代化所需要的一切，中国文化本身就是一个无所不包的宝藏。中国人无须向别人学习什么，中国的“国粹”与现代西方文化具有异曲同工之妙。

胡适认为，中国文化蕴含着极为丰富的为现代所需要的文化成分，并称这些东西为“文化中的自由资源”。这些文化似乎与地中海文化具有一定的关联，将为中国的理性发展提供无限的可能性。

在胡适看来，自由并不是什么洋货，而是中国自古就有的东西。中国人民，特别是中国的知识分子自古就存在着追求自由、反抗暴政的悠久传统。美国伟大思想家帕特里克·亨利（Patric Henry）在1775年于美国开国前期提

①辜鸿铭. 中国人的精神[M]. 桂林：广西师范大学出版社，2002：22–23.

②[美]斯塔夫里阿诺斯. 全球通史——1500年以前的世界[M]. 吴象婴，等，译. 上海：上海社会科学院出版社，1992：280.

出“不自由，毋宁死”（原文是“给我自由，否则给我死”）的名言，传遍世界，响彻寰宇。而比这位思想家更伟大的是，早在1036年，中国的学者范仲淹就喊出：“宁鸣而死，不默而生。”范仲淹的《灵乌赋》被胡适看成是“九百多年前一个中国政治家争取言论自由的宣言”，是“古代哲人争自由的重要文献”①。

胡适还认为，孔子、孟子、老子，甚至王明阳等人都是民主主义的先驱。孔子反对“愚忠”“愚孝”，中国古代的《孝经》中，专门有“谏诤章”，做人要做“争臣”“争子”，如君王、父亲出现错误，做臣子、做晚辈的必须据理力争。荀子指出人性是“恶”的，每个管理者都是如此，如果说他们与普通百姓有什么区别的话，就是这些掌握着可以随意分配社会资源特权的官僚们，如果失去必要的监督与约束，极易滥用手中的权力，进而干出祸国殃民的勾当。因此，中国文化传统特别强调对最高统治者进行监督。中国古代有一种名为“史官”的制度，就是组织专门人员如实地把历代君王的言论与行为记载下来，以提供给后世的君主借鉴。古代的史官包含“左史”和“右史”两种，“左史”记载政治家的行为，“右史”记载政治家的言论。古代的史官犹如当代的记者，通过他们的笔，把古代君王的行为和言论记载下来，以达到监督政治行为、约束政治家之目的。对这种作用，南怀瑾如此评论道：“虽然后世有今不如古的趋势，被改称为皇帝的‘起居注’，但还是相当严格，在那些不敢记而又不敢不记的字里行间，还可以看出究竟的”②。

胡适认为，中国思想界的先锋老子和孔子都是典型的自由主义者。老子

①程巢父.思想时代[M].北京:华夏出版社,2004:98-100.

②南怀瑾.大学微言[M].北京:世界知识出版社,1998:447.

曾经说过："民不畏死，奈何以死惧之?"孔子说："三军可夺帅也，匹夫不可夺志也。"在胡适看来，老子提出的著名的"无为"政治概念就包含着鲜明的自由主义思想。因为老子的"无为"观念，其内核是无政府主义，这种理论主张让人民自由发展，而反对政府不适当地干预人民生活。在胡适看来，孔子提出的"有教无类"的思想包含着鲜明的平等主义观念。因为按照这个理论，人与人之间本来都是平等的，只是因为教育的不同才造成了不同的"类"。

根据胡适的判断，孔子与柏拉图是一样的高明与富有远见卓识，因为他们都认为，并不是任何人都可以成为政治家、人中之王，或者说是一国之君，这样的人必须是具备绅士的各种美德，即诚实、正直、忠诚、恩惠和仁爱（即通人情）的贤者。中国古代的政治思想包含着典型的政治理想主义，中国古代思想家主张政治要超越传统与庸俗的权术范畴，政治家必须建立自己的信用和伦理基础，缺乏政治伦理人格的人是不配称作"政治家"的。

生活在一个严重迷信、恐惧超自然物的时代，孔子又是个清醒的理性主义者，对各种鬼神，孔子虽然不否定其存在，但基本上是持一种怀疑的态度。孔子说："知之为知之，不知为不知"，"未知生，焉知死"。这些都反映了孔子具有追求实际的科学精神。

依照胡适的观点，中国的思想家孟子是一个具有强烈"革命性"的学者。因为，在孟子看来，"民为贵，君为轻"，如果君主犯了错误，就必须经常进行批评，如果屡教不改，依然忘乎所以，人民就有权利揭竿而起，废除这些昏君，铲除这些独夫民贼。

就连一向受到人们批评的法家思想中，也包含着大量合理性的"内核"。

在法家的创始人韩非子看来，要发挥法律的最大效力，法律必须公开透明，必须把法律公布于众；要使人们相信政府，必须保持法律的严肃性，有法必须得到执行。在法律面前，贵族与普通的人没有什么不同。作为多元文化的一部分，法家则在很早的时候就提出对社会治理的多元化思想。在法家看来，为避免道德治理的随意性，社会生活的各个方面必须“有法可依”；作为统治者，不要被各种各样的道德所制约，而必须从社会管理的需要出发。法家由此提出了政治学领域中的实用主义理论。

在胡适看来，中国的古代文化之中满眼都是自由主义的闪光点。中国的古代文化与西方文化没有什么区别，东就是西，西就是东，没有什么本质性的区别。现代西方政治所需要的一切，中国人在2000多年前就准备好了，其他纯属多余。

经过胡适的改造，中国人无须做多少事情，在中国现代化进程中，中国依靠自己的文化似乎就可以长驱直入未来社会。中国的古代思想简直可以与最先进的西方文化相媲美，甚至比西方文化还要先进得多。采用这种敲骨吸髓的办法挖掘中国古代文化中的所谓“自由资源”，来牵强附会地为中国“国粹”的某些方面高唱赞歌，实在是一种误国误民的行动。

西方在公元前就探索出直到今天还依然实用的理论。有人把中国的古典文化比拟为希腊的古典文化，把孔子比拟为苏格拉底。其实，在这两个文明之间，除了每个民族都自命不凡地宣称自己是人间最优美的文明外，几乎没有什么共同之处。当今中国要解决的是一个如何尽快赶上西方文明国家这个难题。中国目前正在“与狼共舞”，除了按照那些所谓的“狼道”来行事以外，似乎没有别的办法。面对咄咄逼人的西方文明，中国必须迎头赶上，与之进行竞争。

在浩浩荡荡的现代化潮流之中，中国人很难从中国古代文化中找到多少可以为现代所用的东西。笔者一度对那种采用某种方法，有选择地挖掘中国古代文化的思想很感兴趣，但研究一番之后，除了失望还是失望！

第10章
国际关系民主与永久和平

国内民主化已经成为一个理念，而在国际关系领域，依然是专制主义盛行的天下，而这正是战争权被屡屡滥用的根本原因。爱因斯坦与康德提出的企图通过国际关系的民主化来控制战争、实现永久和平的方案无疑值得高度关注。

用国际民主的方法来控制战争权的滥用并不是新观点，相反，这个观点在历史上的某个时刻反复被提到。法国政治活动家、思想家德·托克维尔曾经说过："有多少道德体系和政治体系经历了被发现、被忘却、被重新发现、被再次忘却、过了不久又被发现这一连续过程，而每一次被发现都给世界带来了魄力和惊奇，好像它们是全新的，充满了智慧。之所以会如此，并不是由于人类精神的多产，而是由于人们的无知，这种情况简直令人难以置信。”牛津大学国际关系讲座教授亚当·罗伯茨在北京大学的一次国际会议上曾经说过：“我们都不应该忘记以现代面目出现的思想体系常常不过是古老主题的变种。”

我们今天所探讨的这个问题，在几十年以前甚至是几百年以前，康德、爱因斯坦都已经思考过了，我们今天所做的并不是什么创新，不过是对这些先哲们伟大思想的再发现而已。

在其著作《利维坦》中，英国学者霍布斯时时情不自禁地流露出对那种一切人面对一群人的战争的厌恶之情，但是，康德对战争的看法却与其不同。

1784年，康德发表了一篇题为《从宏观世界政治史角度审视政治秩序的自然原则》的短文。在此文章中，康德把战争视为自然发掘生命潜在能力的一种方法，认为战争是社会进步必不可少的环节。康德绝不是和平主义者卢梭的忠实追随者。在康德看来，和平对人类未必就是完全好的东西，因为人们之间如果是非常的和睦，缺乏必要的战争与冲突，人类便会处于停滞状态，人类要生存，要发展，就必须有某种程度上的个人主义和竞争存在。康德说：“没有不稳定因素……人们就会过上牧童一样的田园仙境般的生活，完全和谐、满足和互爱互敬；但他们的所有才能将会被永远埋没。”①很有意思的是，康德要“感谢造化给了我们不安定、嫉妒、虚荣还有永不满足的占有欲和权力欲……人希望和谐；但造化懂得什么对她的物种有益；她有意使人们不和，好让人们进一步发挥自己的力量，发挥自己的潜在能力。”②

康德意识到，天下不存在什么永久的和平。我们姑且不论康德后来提出的

①[美]威尔·杜兰特.哲学简史[M].梁春，译.北京：中国友谊出版公司，2004：168.

② 同上。

一些条件是否能确保和平的实现，因为他说的很多条件并非就能确保和平。例如民主时代的雅典发动战争的频率并不比别的时期低，当代一些号称民主的国家更加执迷于战争。但是，他提出的原则和方向无疑是正确的。这个应该作为一种道德信条确定下来。

永久和平："学院派的理论政治家"的梦想

在任何社会里，鼓吹和平都是一件吃力不讨好的事情。1795 年 8 月，德国哲学家康德在其 71 岁之际，发表了《永久和平论：一个哲学构想》。颇有自知之明的康德非常明白，在当时被战争冲昏头脑的德国人的眼中，他的这套理论不可能受到欢迎，人们一定会竭尽所能来嘲笑他的理论。因此，康德在标题下面写道：永久和平，"这几个字，原是一个荷兰的客栈老板写在招牌上，用来讽刺教堂公墓里的碑刻铭文的"①。

在康德看来，要实现永久和平，世界各个国家之间必须签订确保永久和平的国际法律体系。该法律应该包括三大"正式条款"：第一条是"每个国家的公民体制都应该是共和制"；第二条是"国际法应该以自由国家的联盟制度为基础"；第三条是"世界公民法应限于以普遍的友好为其条件"。

就第一条而言，康德认为所谓的共和体制应该建立在三个原则基础上，即：一个社会的成员（作为人）的自由原则，所有人（作为臣）对于唯一共同的立法的依赖原则，以及所有国家公民的平等法则。在这里我们不难看到，虽然康德素来把民主体制看成是一种专制制度，他也并不希望人们把他所说的共和体制与民主体制混为一谈，但康德所设想的共和体制基本上就是某种类型的

①[美]威尔·杜兰特. 哲学简史[M]. 梁春，译. 北京：中国友谊出版公司，2004：169.

民主政体。康德提出建立永久和平的首要条件就是每个国家必须是共和政体，且非经全体公民投票决定不得宣战。在解释其原因时，康德把当时不断爆发的战争归罪于欧洲国家实行的寡头政治组织，因为在这种寡头政治组织之下，赃物被少数人占有，其价值就是在被瓜分后也非常可观。而一旦实行民主体制，大家都分享政治权利，国际掠夺中所得的赃物就不得不一分再分，最后每人只得到微不足道的一点东西，因而失去了诱惑力。此外，在寡头政体下，统治者不是一般的公民，而是国家的拥有者，他们本身不会亲自参加战争，他们不会亲自体验到战争所带来的血腥和苦难，战争再残酷，也不会影响到他们的宴饮、打猎、舒适的宫殿和朝廷的庆典。因此，他们发动战争就如同儿戏，常常为一点点小事而兴师动众，好像战争就是一场场围猎。至于大动干戈是否合理，他们根本不会去考虑，更不会考虑与时刻准备着为战争的正义性辩护的外交团队进行商量。相形之下，在共和和民主体制下，那些必须披挂上阵的人就是那些决定战争与和平的人，这样人们就不会轻易发动战争，历史就不会那么血迹斑斑。

康德提出，实现永久和平的另一个条件就是取消常备军。“我们的统治者在公共教育上不费一文，因为他们早把所有资财列入下次战争的开支上了。”为了国家的文明，必须撤掉所有的常备军。康德还提出，要想实现永久性和平，还必须确保公开性原则得以实现。在康德看来，公开性是道德政治的必要条件，没有公开性，永久和平的目标就无法达成。

第11章
列强的围剿

鸦片战争标志着以英国为代表的西方国家开始对中国开始进行全面围剿。1860年英法联军和1900年英国、美国、俄国、日本、德国、法国、奥匈帝国和意大利西方八个国家组成的八国联军先后侵占北京，并焚烧圆明园，标志着西方列强围剿中国高潮期的到来。第二次世界大战以后，苏联和美国成为世界最大的两个超级大国，无论是与中国一样奉行共产主义的苏联，还是奉行自由资本主义学说的美国，都把中国作为其围剿的目标。如今美国成为世界唯一超级大国，中国依然没有摆脱成为美国“眼中钉，肉中刺”的特殊角色。

在当今国际舞台上，能与美国进行较量，最起码敢在口头上与美国进行较量的，也只有中国和俄罗斯了。因此，在美国政府看来，中国是地球上最后一个，也是最具有威胁的政治实体。

在一些国际场合，中国的政治家和外交家们虽然不乏精彩表现，有时候甚至是风光灼眼，颇让“窝囊”几个世纪的中国人本能地产生出一种民族自豪感。但我们心里必须清楚，中国在国际上的地位并不理想。如今，以美国为首的西方社会已经把中国作为其心腹之患。一个立体式、多维化的国际包围圈已经形成。包围圈的立体化，体现在西方世界对中国的包围已涵盖海洋、陆地、太空乃至虚拟的网络世界；所谓多维化，体现在这种包围覆盖政治、经济、军事、文化和意识形态各个领域。

就整体中国的国际空间而言，美国与俄罗斯的联盟是核心所在，也是对中国最大的威胁之所在。“冷战”时期，美国与苏联作为两个世界级的霸权主义国家，为争夺世界领导权而进行残酷竞争。作为国际关系格局中相对弱小的一“级”，中国则具有相当大的自由度。俄罗斯与美国两个国家之间处于对峙局面，对中国拓展国际生存空间最为有利。反之，则最为不利。

“冷战”结束以后，世界格局发生了天翻地覆的变化，美国的经济实力和军事实力出现突飞猛进的增长。以经济实力论之，美国目前占有全世界 GDP 的 1/4；以军事实力论之，美国 2005 年的军事预算达到 4200 亿美元，其中还不包括用于阿富汗、伊拉克和国内安全的开支。美国的军事预算比英国、日本、德国、法国、俄罗斯和中国军费的总和还要多 30%，是居世界第二位的俄罗斯军事预算的 6 倍。与美国比较起来，中国简直就是小巫见大巫。中国 2005 年的军费预算是 250 亿美元，人均军费开支，美国则是中国的 77 倍。

伴随着美国经济和军事实力的增长，美国的民族主义倾向在明显增强。全球范围的苏联阵营瓦解后，使美国不再把防范苏联的进攻和与欧洲等盟国的团结作为其外交政策的重点。相反，美国人越来越把直接的国家利益作为其首要的目标。为了自己的利益，美国千方百计想要废除在冷战时期签订的各种多边条约，以期望把美国从这些条约中解放出来，为其随心所欲扫除法律障碍。

如今，只要是为了美国的利益，美国地球上没有不能干的事情。在美国看来，什么国家主权，什么民主自由，什么国际条约，都是一些没有实际意义的东西。美国对任何国家都采取咄咄逼人的态度，稍有不从，就大打出手。整个

20 世纪，美国对别国共实施过 100 多项制裁，其中有 60 多项是在 20 世纪最后 6 年发生的。另据美国国防部称，从“冷战”结束到 20 世纪末，美国对外动用军事力量达 40 多次，平均每年 5 次以上，大大超过冷战时期的 2.8 次。① 在西方世界联合组织的各种军事行动之中，美国一直充当开路先锋。在伊拉克战争中，美国更是处于绝对的支配地位。正因为如此，即使在曾经极端好战和一度野蛮摧残世界的德国人的眼中，美国也成了一个“好战国家”。②

无论是稍微显得有些柔和的民主党政府，还是极端强硬的共和党政府，都把中国视为下一个对手，美国人从未把中国当成自己的战略合作伙伴，而把中国看成其必须予以制服的战略竞争对手。这种考虑，是美国实现军事技术现代化的动机之一，也是美国部署导弹防御系统的主要原因，更是美国千方百计武装台湾，并怂恿日本强化军事实力提高其所谓“自卫能力”的直接原因。

对中国和整个亚欧大陆进行强力控制，是美国的既定战略，从来就不是什么秘密。美国在日本、韩国、阿富汗、乌兹别克斯坦和夏威夷、关岛上的军事力量，以及在太平洋上到处游弋的美国第三舰队，都是针对中国而来的。尤其值得注意的是，美国早在 1997 年就提出一项战略评估报告，称中国成为不仅拥有洲际弹道导弹的核国家，而且已经成为获得太空影像和实现全球通信的太空大国。为了阻止中国出于自身利益而“任意所为”，美国必须通过核威慑和常规威慑来挫败其“雄心”。2002 年 1 月 8 日，美国国防部向国会提交了《核态势评估报告》，第一次明确了美国可能进行核打击的七个对象，而中国竟被“荣幸”地列为第一个。美国声称，如果发生台海战争等情况，美国将根据需

---

①王玉琮. 当代世界与中国[M]. 北京：中国社会科学出版社，2003：286–287.

②[德]妮科勒·施莱，等. 美国的战争——一个好战国家的编年史[M]. 北京：生活·读书·新知三联书店，2006.

要对中国实施核打击。

俄罗斯虽然一度遭受苏联解体，但其实力基本上得到保持。它继承了苏联大部分的领土，拥有苏联的军事力量。俄罗斯甩掉了一些贫穷地区的巨大包袱，也有利于俄罗斯的发展。从高端武器来看，目前的俄罗斯仍然拥有唯一能够摧毁美国的军事力量。目前俄罗斯拥有 1400 枚核弹，每一枚的威力相当于 3000 枚广岛原子弹。因此，面对俄罗斯的军事力量，美国也不得不畏惧三分。

俄罗斯的国土面积横跨欧亚大陆，亚洲部分面积比欧洲部分要大得多，但欧洲部分才是俄罗斯民族兴起的核心地区。在俄罗斯的文化心理之中，俄罗斯并不是一个亚洲国家，而是一个典型的欧洲国家。重新与欧洲和美国建立一种紧密型的战略同盟，符合俄罗斯的最大利益。相比之下，俄罗斯与亚洲的中国之间有着 100 多万平方千米领土的历史纠纷，在历史上也多次遭受日本的打击，可以说，俄罗斯与亚洲的许多国家，特别是中国和日本存在隔阂。

过去和现在的一些俄罗斯人，都对历史上蒙古人实行的铁血政策和列宁斯大林时代实行的高压统治以阻止俄罗斯与西方的接轨而导致其落后持有一种极端仇恨的态度，因此，这一部分俄罗斯人有一种强烈要求“回归”西方本能的冲动，苏联共产党政权的垮台便是这种民族心理外化为政治行动的具体体现。

在这种民族本能的驱动之下，俄罗斯的政治家也模仿历史上的彼得大帝，以尽快把俄罗斯推入西方阵营。再说，俄罗斯历来就是一个投机成性的国家，在第二次世界大战之前，当时的苏联就与德国人签订了《苏德互不侵犯条约》。

不难理解，拉近美国、靠近美国一直是叶利钦近代俄罗斯外交政策的底线。为了达到这个目的，俄罗斯人奉行地缘战略收缩政策，即不断从与美国有冲突的地区撤退，其目的是以此取悦美国，不断抛去媚眼，争取美国和西方世界的战略同情，实现让美国和西方世界将其纳入体系的夙愿。深受俄罗斯人追捧的俄罗斯总统叶利钦如此，其他政治家也是如此。美国与俄罗斯虽然存在战略上的一些冲突，但美国与俄罗斯在逐步走近，也成为一个事实。

日本与中国曾是一对不共戴天的夙敌。在美国构筑的对中国的包围圈之中，日本是其忠贞不贰的马前卒。日本的强大，曾经让中国人吃尽了苦头。日本在第二次世界大战以后的迅速崛起，无疑成为威胁中国安全的最大隐患之一。日本如今拥有1亿多的人口，却拥挤在亚洲东部太平洋中的几个岛屿上，是世界上人口密度最大的国家之一。日本国土狭小，资源匮乏，长期受困在一个弹丸之地，一直是日本大和民族最大的心病。一种企图冲破狭窄生存空间的冲动一直左右着日本民族。为达到这个目的，日本人一再冒天下之大不韪，顶着遭到世界无情惩罚的风险，多次发动了对周边国家的战争，给世界造成了无穷的灾难。

第二次世界大战中，罪有应得的日本几乎被撕得粉碎，这种失败感一直摧残着这个民族的心灵。疯狂的报复与复仇的欲望一直主宰着日本民族，一旦其经济实力恢复到一定的程度，日本必然会向中国、俄罗斯索取一度被其强行占有的东西，哪怕把世界再次拖入战争深渊也在所不惜。自古至今，日本都把中国看成自己的眼中之钉。日本2005年版《防卫白皮书》把中国和朝鲜以及臭名昭著的塔里班“基地”国际恐怖主义列入日本必须予以预防的“三大威胁”之一，并表示将集中陆海空三个自卫队将中国消灭在国门之外。

事实上，日本的实力正在迅速恢复，其经济总量位居世界第三，而其人均水平则远在美国之上，外汇储备和高科技水平居世界前列。从军事实力和投入来看，日本2004年的国防开支为444.7亿美元，远远超过中国、俄罗斯、印度，居世界第二位，其自卫队总兵力达到25万人之多。据美国一些权威机构评估，日本的军事实力已经全面超过中国。中国政府和中国人民一直以自己拥有核武器而拥有一种心理上的优势，似乎如果日本实在有点出格，中国完全可以用自己的核武器把日本置于死地。其实这是一个极大的错觉。与美国比较起来，日本确实还有一些距离，但与中国比较起来就不一样了。事实上，日本早已具备了大规模进行核武器生产的一切物质和技术条件，无论是日本储备的核原料，还是日本的核武器投掷技术，都远远超过中国。如今的日本完全有能力把自己的核武器“安全”而迅速地送到世界上任何国家和任何地区，何况是近在咫尺的中国呢！

也正因为如此，日本的那些政治狂人才敢有恃无恐。2002 年 4 月初，日本自由党党魁小泽一郎狂称，他曾经警告过到日本访问的中国共产党干部，说：“如果中国自以为是的话，将引起日本人的歇斯底里。日本制造核武器非常简单，我们的核电厂里有足够的钚元素，足可以制造三四千核弹头。日本一朝之间就可以拥有数千枚核弹头，如果到那一步，日本的军事力量将不会输给任何人①。”

无视国际社会的任何反应，日本一再突破其和平宪法的限制，不断向海外派兵，以显示其军事实力和国际影响。一个问鼎世界经济霸主地位的日本即将出现，其好战势力像一个疯狂的幽灵，猖狂活跃在世界的每个角落。虽然中国、韩国和一些东南亚国家一度联合起来企图压制日本，但在日本强大的经济面前，结果都是无功而返。日本以其经济实力，要挟国际社会同意其成为联合国常任理事国，可悲的是这正一天天接近事实。

印度和中国分别是佛教和儒家思想的发源地，两个民族无论在文化价值取向，还是在国民的社会心理上，都具有惊人的相似之处，但阴差阳错，中国如

---

①巴中　.大国兴起中的国家安全[M].北京:北京大学出版社,2005:170.

今被西方世界看成全球最大的非民主和非市场经济国家，而印度却被看成世界上人口最多的民主国家。

如今的印度已经不再是那个积弱积贫的国家了。美国前国务卿、著名学者基辛格曾经说过，当时的印度已具备条件与美国、苏联、日本、中国和欧洲经济共同体构成世界“六头政治”中的一“头”了。[①]2004 年 5 月上台的印度国大党强力推行“市场化、私有化、国际化”三大政治战略，印度当时的总理曼莫汉·辛格雄心勃勃地说：“印度成为世界重要经济力量的时代已经来临。”[②]并明确提出在 2020 年前把印度建设成为世界一流的经济大国。印度政治人物应该不是吹牛胡侃之辈。

从经济实力来看，国际经济学界把印度称为“亚洲新老虎”，也确实不是夸张。印度的国内生产总值如今已达到 5750 亿美元，外汇储备超过 1300 亿美元，印度的经济增长速度年均约 8%。经济上的发展和强大必然转化为军事实力的增长。印度如今已登堂入室成为国际“核俱乐部”的正式成员之一。印度提出在 21 世纪建立起三位一体的核威慑军队，作为建立国际“恐怖平衡”的必经之路，它之所以顶着巨大的国际压力研制并试验核武器，就是为了在新的国际环境中获得这种“最后的防御手段”。近几年印度的军费开支一直以 30% 的增幅在上升。根据 2004 年 7 月 2 日印度政府公布的 2005 年国防预算，印度的军费开支由上一年度的 143 亿美元增加到 167 亿美元。

至 21 世纪初，印度拥有正规部队 128.5 万人，居世界第四，其中陆军居世界第三，空军居世界第四，海军居世界第七。印度是世界上第六个拥有核武器的国家，是世界上第六个具有卫星研制和发射能力的国家，是世界上第七个

---

①[美]保罗·肯尼迪.大国的兴衰[M].北京:国际文化出版公司,2006.

②中国现代国际关系研究所.国际战略与安全形势评估(2004/2005)[M].北京:时事出版社,2005:243.

能够制造和拥有中程弹道导弹的国家。

特别需要注意的是，印度很多人对中国一直抱有莫名其妙的敌意。在印度很多人的眼中，中国永远是个不怀好意的“恶邻”。在印度的战略部署上，一直是把中国看成最大的战略对手之一。印度的军事力量中，25%是部署在中印边境。①

因此，中国不得不时时在意，处处小心，因为稍有不慎，就会陷入以美国为首的反华包围圈之中。

第12章 百万领土的历史问题

为摆脱不利的国际地位，联合俄罗斯应对以美国为核心的西方联盟，中国必须团结俄罗斯，这从政治上是可以理解的，也是非常必需的。但是，这并不能改变俄罗斯历史上是中国领土最大侵略者这个事实。

2001年，中国与俄罗斯签署了《中俄睦邻友好合作条约》。2003年，中国

①中国现代国际关系研究所.国际战略与安全形势评估(2004/2005)[M].北京:时事出版社,2005:255.

与俄罗斯签署了《中俄联合声明》。2005 年 7 月，中国与俄罗斯又签署了《中俄关于 21 世纪国际秩序的联合声明》。这些似乎表明中俄之间出现历史上关系最好的时期。在与俄罗斯领导人会晤时，中国与俄罗斯领导人一再提出，中国与俄罗斯之间长达 4300 多千米的中俄边界线已经确定，中国与俄罗斯之间的边界纠纷已经基本解决，中俄之间不存在任何领土问题。

中俄之间 2004 年 10 月签署的《中俄联合声明》如此载明：中俄“两国就中俄边境两块未协商一致地段的边界线走向问题达成协议，是政治双赢的均衡合理的方案。此次签署的中俄国界东段补充协定和此前签署的两个国界协定，标志着长达 4300 多千米的中俄边界线走向已经全部确定。这一结果值得珍惜和充分肯定。中俄边界问题的解决，是两国人民世代友好、睦邻合作的可靠保障，是对亚太地区及世界的安全与稳定做出的重要贡献，为世界各国解决边界争端树立了成功的典范。”

中国的中学历史教科书中明明写着俄罗斯侵略中国的历史和中国丧失近 200 万平方千米的土地。

在鸦片战争以后的岁月里，中国被逼与包括俄罗斯在内的西方帝国主义列强签订了许多不平等条约，其中对中国人自尊心伤害最大的莫过于将 200 多万平方千米的土地割让。历史上的俄罗斯在 1858—1860 年不到三年的时间利用英国人和法国人发动的第二次鸦片战争，强迫清朝政府签订了三个不平等条约，即《瑷珲条约》《中俄北京条约》和《勘分东界约记》，一共割让占领了中国东北部地区 100 多万平方千米的土地。此外，在西北部地区，自 19 世纪中叶起，俄罗斯一共将中国 50 多万平方千米的土地据为己有。

1949 年新中国成立以后，中国政府采用革命性外交的手段单方面宣布与西方列强签订的不平等条约“无效”，并在 1997 年 7 月 1 日将香港收回中国，1999 年 12 月 20 日将澳门收回。但是，这并没有改变历史上属于中国的领土依然有160多万平方千米的土地还被外国占领的事实。

目前除了俄罗斯仍然占领历史上属于中国的100多万平方千米领土外，中国的近邻日本也把自己的黑手伸向中国的领土、领海。日本素来极端仇视中国，日本的政治家素来就存在一种操纵中国政治的野心。在他们看来，“中国的政治如何变化，和日本有密切的关系，中国的政治如果不能受日本的支配，是非常危险的[①]。”在日本人眼中，中国不是他们的“前门之狼”，就是他们的“后门之虎”。日本曾经占领中国的台湾长达50年之久。如今日本事实上已经占领了中国的钓鱼岛，让我们中国人有一种如骨鲠在喉的感觉。中国在东海中日分界线的中国一侧开发天然气，但日本方面却“无法容忍”，对中国横加指责，似乎这些领海本来就是日本的私有财产。更有甚者，日本许多政治家，竟然威胁中国说，日本必须在钓鱼岛派驻军队，或者移民，如果有必要，日本将毫不犹豫地向中国开战。

①戴季陶.日本论[M].北京:九州出版社,2005:123.

第13章 论要依法治党

1991年8月25日，苏联总统戈尔巴乔夫在克里姆林宫宣布辞去苏共中央总书记职务，并同时宣布解散苏联共产党，从此，一个有着2000万党员，独自掌握苏联政权达70年左右的政治庞然大物，就这样土崩瓦解了。苏联国内的反共势力为此欢欣鼓舞，西方的一些政治家也为此欢呼雀跃，在这种情况下，许多人得出了这样的结论：一党制走到了尽头。

苏联共产党的垮台及其后东欧社会主义阵营的纷纷解体确实表明世界范围内的一党制发生了危机，但如果不是从社会主义—资本主义一元化的思维角度思考问题的话，人们不难发现，不管是一党制，还是多党制，在20世纪末均面临着危机，危机是全球范围内各种政党面临的共同话题。美国学者托夫勒看得很清楚，他在《权力的转移》中写道："目光短浅的学者和政客们在为柏林墙的倒塌大唱赞歌，但具有讽刺意味的是，在'自由'的北美、西欧和日本，早已确立的民主制度将面临危机。"

全球范围内的政党危机具有这样一些共同特征：①失却精神领袖；②政党与金钱联姻；③单纯的权力之争取代理想之争。

中国共产党对中国的长期领导不会是权宜之计，改造中国不能建立在中国实行西方多党制的假想之上，中国没有进行西方多党制政治实验的空间和时间。党政一体化的政治框架设计，首先不是出于合理性的考虑，而是现实主义的需要。在全球200多个国家和地区中，绝大多数国家和地区实行西方多党制治国模式，该多党制也是无数理论家盼望的一种治国方式。但中国过渡到多党制，一则需要漫长的时间，二则操作不好，中国则可能再次陷入动乱。中国好不容易才挤上现代化的末班车，搞不好则可能再被挤下去。

将政党活动纳入法制化轨道是世界许多国家为解决政党危机而采取的一个重要举措。中国共产党已经在国家的根本大法里确认了依法治党这个基本原则，但因缺乏有关配套措施，依法治党依然面临很多问题，要真正走上依法治党之路，还有很多事情要做。

通过制定成文的政党法来规范政党活动的国家主要有这样几个：德国、泰国、印度尼西亚、土耳其等国家。联邦德国曾深受纳粹独裁之苦，因而他们在西欧诸国中率先制定了政党法以规范政党的行为与活动。这部1967年颁布的政党法不但十分强调政党职责、内部组织和领袖、候选人产生的民主性，而且规定了政党的经费标准、政府补贴原则、捐款要求等，规定政党必须公布自己的账目。党的执委会应当定期报告党活动的经费来源，所作的报告应由经济学家审查。入账的收入来源包括七个方面：党员的经费；议会党团成员的捐款及其他经常性的捐款；来自财产、党的机构、印刷品出版物的销售收入和由于政党自身活动的其他收入；捐款；信贷；补偿的选举活动费用及其他。

泰国1955年制定了第一部政党条例，1968年制定了第二部政党条例，1971年制定了第三部政党条例。现行的政党法为1981年制定的第四部政党条例，全称《佛历2524年政党条例》。该条例对党员资格、政党委员会的成立、党的纲领、党组织的人数、成员的范围、领袖的选举等均做了详细的规定，还特别强调，禁止政党或者党员个人接受任何人的钱款、财产或其他利益。印度尼西亚于1975年通过了政党法。土耳其在1982年的新宪法中对政党及其活动做了较为详细的规定，1983年在此基础上制定了与过去曾有过的政党法有很大区别的政党法。

依法治党就是将中国共产党从党员到各级组织的活动全部严格纳入法制化轨道。中国共产党在几十年的政治活动中，积累了一套丰富的政党建设经验。在制度建设中，中国共产党已建立了一套以党章为核心，由若干党内“基本法”构成的规章制度体系。党章与党内规章制度是极其成熟的党的意志的体现，完全可通过国家立法而变成国家意志，即法律。目前，政党活动被看作与行政活动相脱离的另一个“禁区”，个别党员既是违纪又是违法的行为仅被按党纪党规来处理，有些实质上已经构成犯罪的行为，也因犯罪主体是党员而仅被作为一般违纪处理。这种情况严重损害了党的威信，影响了党的形象。任何党派、任何社会团体都不应成为违法乱纪者的避风港。那种以党籍、行政职务折抵法律责任的做法完全是一种藐视人民意志、藐视国家法律的错误做法。

我国宪法和法律虽然明确规定，一切政党必须遵守宪法和法律，并规定：“一切违反宪法和法律的行为，必须予以追究。”但终因有关规定缺乏应有的权威性和可操作性，而使得政党有些行为至今仍然处于无法可依、执法难严、违法难究的状态。将政党管理与政党行为法制化，可起到一石三鸟的作用：①运用法律确认党的领导地位，有利于加强和巩固党的领导；②大量事务交由国家依法管理，可使执政党集中精力从事大政方针的研究，加强对国家的宏观领导；③有利于消除党内腐败，纯洁党的队伍。

构筑依法治党制度时，应贯彻这样几个基本原则：①法律面前人人平等原则。在宪法和法律面前，党员与非党员，一般党员与党的高级干部，执政党与非执政党都是平等的，不容许有特殊党员、特殊党派的存在。②权力制衡对等原则。根据以权力制约权力，以强权制约强权的原则，在依法规范党权时，必须按照党员严于一般群众，执政党严于非执政党的原则予以规范。③及时性原则。执政党享有极大的国家管理权，在很多情况下，党即政府，政府即党，如果放纵个别党政官员违法，可使违法行政长期处于一种持续状态，产生极大的社会危害性。同样，冤枉无辜也可使国家权力的行使长期处于一种不稳定状态。因此，对政党违法的受理与处理应该规定特殊的时效制度，以防止国家行政权长期被滥用，或者长期处于空档状态。

依法治党的一个内容是将多党制的某些竞争机制引入进来，在党内设立多个权力中心，通过关系调整与制度建设，使这些权力之间相互制约，相互配合，相互监督，防止政党权力异化。措施千万条，关键在于制约。

中国共产党目前面临两大问题：一是要防止政权和平演变为资本主义政权；二是要防止政权腐败导致国家走向亡党亡国。相比之下，腐败是一种比和平演变更大的危机，腐败是执政党的慢性自杀毒药。如今，党的机体内有着一股可怕的腐败因素，这股因素若不及时予以铲除，它们就会像繁殖极快的马铃薯甲虫一样，一瞬间就会吃掉所有马铃薯的嫩芽，从而使党和国家分崩瓦解。邓小平所说的“中国要出问题，还是出在共产党内”就是这个意思；江泽民所说的“我们党是任何敌人都压不倒、摧不垮的，堡垒最容易从内部攻破，绝不能自己毁掉自己”也是这个意思。

反腐败在中国绝不是什么新名词，可以说，在中国共产党的几乎每一次会议上，都会谈到反腐败问题。也正因为经常开展这样的活动，我们的一些官员对此产生了“抗体”。每有风吹草动，那些腐败分子总会抱着侥幸心理；不找他，他绝对不会主动自首；抓到他，他也会百般抵赖。对腐败现象，绝不可掉以轻心只有那些病入膏肓、行将就木的国家才会在反腐败问题上停滞不前。盛世更要用重典，出重拳，特别是对于党内高级干部的腐败，更是要绝不留情，有一个抓一个，有多少抓多少。对那些给党和国家造成重大损失的“蛀虫”，要坚决从严予以处置，绝不手软。

在惩治党内腐败的过程中，要充分利用新闻媒体的重要作用，要做到谁搞腐败，舆论的锋芒就对准谁；谁搞不正之风，监督的矛头就指向谁；谁伤害了群众，监督的火力就对着谁。

第14章
中国人的三次机会

一再失望的中国人

1840年鸦片战争以后，丧权辱国的耻辱感与亡国灭种的恐惧之感，像一片阴云死死笼罩在中国人的心头之上。在这个“黑云压城城欲摧”、让人极度绝望的时代，每一次革命，每一次变革，哪怕是小小的变化，都会让国人无比激动，并对之抱着满腔的希望。

1898年的“百日维新”属于第一次。

该年6月11日，清朝光绪皇帝向全国颁布《明定国是诏》，在其后103天的时间内，光绪皇帝共发布40道圣旨，这是近代中国第一次系统改革国家政治制度，旨在实现行政、教育、法律、经济、技术、军事、警察制度现代化的维新运动。其内容涉及政治方面的有：广开言路，提倡官民上书言事；准许自由开设报馆、学会；撤除无事可办的衙门，裁减冗员；废除满人寄生特权，准许自谋生计。涉及经济方面的有：提倡实业，设立农工商总局和矿务铁路总局，兴办农会和商会，鼓励商办铁路、矿务，奖励实业方面的各种发明，创办国家银行，编制国家预决算，节省开支。涉及军事方面的有：裁减绿营，淘汰冗兵，改变武举考试制度，精练陆军；筹办兵工厂；添设海军，培养海军人才。涉及文化教育方面的有：开办京师大学堂，并要全国各地设立兼学中学、西学的学校；废除八股文，改试策论；选派留学生到日本；设立译书局，编译书籍，奖励著作。光绪皇帝颁布的这些诏书，虽然难免给人一种纸上谈兵的轻率之感，但无论如何，总是让人们感觉到，中国社会从经济基础到上层建筑领域都将迎来一场史无前例的革命，这些措施如果得以实现，中国将像日本一样，一改昔日萎靡不振之老态，而迅速走上富国强民之路。

但历史的结局并非如此，这场由书生康有为主导，由徒有其名的光绪皇帝负责实施的改革运动仅仅持续了一百来天，旋即在坚持“宁可亡国，不可变法”“宁与友帮，不予家奴”的满洲极端保守势力的血腥镇压之下寿终正寝了。科举考试恢复了八股文，被废除的官署衙门继续开张办公，刑讯逼供继续横行在司法大堂之上。中华大地除了多了几个维新派的冤死鬼和事后捶胸顿足的忏悔者，国门之外除了多了几个死不改悔且落魄不堪的持不同政见者以外，一切照旧。

1912年，中华民国的成立属于第二次。

辛亥革命后不久，即1912年1月1日，时年46岁的孙中山在南京宣誓就任中华民国第一任临时大总统，并向国人宣读了虽然简短却铿锵有力的誓词，这让长期遭受封建政权压迫而苦难深重的每一个中国人感到无比激动。在当时的国人看来，此举“是中华五千年政治史上，一座极重要的里程碑和分水岭。自此以后，这个生生不息的最古老的国家，便由‘帝制’转入‘民治’的新时代了。这一阵军乐，一片欢呼，一篇誓词，便把那已延续了四千多年的古老的政治模式正式地结束了……孙文总统的就职典礼，是这个新时代的开端。旧的帝制逐渐在历史的海洋中，缓缓沉没；新的民主政治就在眼前的地平线上，慢慢升起。成长虽慢，终必有大盛之时。这该是个历史的必然，无人可以逆转之也[①]。”

但与“百日维新”结局基本相同的是，孙中山创立的中华民国不久就被以袁世凯为代表的封建余孽所取代，国内短暂的和平也被更加疯狂的军阀割据所取代。武昌起义的领导人之一、民国元勋张振武和国民党教父、著名宪政专家宋教仁相继被暗杀，国会被解散，此前颁布的《中华民国临时约法》也被强行废除。中国的政治依然是封建主义政治，曾经一度被称为“中国华盛顿”的袁世凯甚至在中南海新华门内玩起了复辟帝制的丑恶闹剧，中国人民依然在水深火热之中苦苦挣扎，就连充满革命浪漫主义精神的孙中山也不得不无奈地承认：“政治上、社会上种种黑暗腐败比前清更甚，人民困苦日甚一日。”[②]连绵不断的战争成就了不少政治家的虚荣与辉煌，却给中华民族带来数不尽的灾难。

1949 年，新中国的成立属于第三次。

1949 年 10 月 1 日，向全世界宣告中华人民共和国成立，给苦难深重的中国人民带来无限希望。在万民雀跃和发自内心的欢呼声中，新中国宣告成立，一时间让中国人感觉到多少年来死死压在中国人民头上的“三座大山”将被永

①唐德刚.袁氏当国[M].桂林：广西师范大学出版社，2004：3-4.

②孙中山.孙中山全集（第九卷）[M].北京：中华书局，1986：99.

远搬开。

马克思和恩格斯曾经预言，即将到来的新世纪，将把人类互相残杀的历史“变成史前史”。而在马克思与恩格斯身后的20世纪，并没有像他们想象的那么美好。相反，20世纪则被美国前总统卡特的国家安全事务助理兹比格涅夫·布热津斯基所批评。用布热津斯基的话来说，20世纪是人类有史以来最血腥的时代，是人类历史上一个“大失控与大混乱”的时代。[①]在这个世纪之中，占世界一半以上土地、占世界人口很大部分的地区被一种疯狂的乌托邦主义所主宰。

新中国的历史大致分成三个阶段：从1949年10月1日毛泽东在天安门城楼上宣告新中国成立到1966年所谓的“无产阶级文化大革命”发生为第一阶段；“文化大革命”十年为第二阶段；“文化大革命”结束到目前是第三阶段。

在“文化大革命”之前，政府对农业、手工业和资本主义工商业的社会主义改造以及后来的“大跃进”，把分散在各个小型企业和民众手中的财富集中到国家的手中，在绝对量上并没有增加多少东西。[②]相反，在一次又一次的运动中，还有大量的财富被浪费掉。在“大跃进”中，中国的经济更进一步滑坡。无论是工业，还是农业，都是一年不如一年，以致后来造成粮食严重短缺，酿成严重的粮食供应危机。

“文化大革命”期间中国出现混乱。有关数据显示，如果按照正常年份百元投资的应增效益推算，“文化大革命”期间，国民收入损失达到5000亿元。而从中华人民共和国成立到1979年的30年，中国建立起来的全部国营企业（包括工业、农业、建筑业、运输和邮电、商业、城市公共事业）的固定资产

---

①[美]兹比格涅夫·布热津斯基. 大失控与大混乱[M]. 北京：中国社会科学出版社，1994.

②胡绳. 中国共产党的七十年[M]. 北京：中共党史出版社，1991：333.

原值为 4892.5 亿元，这就是中国 30 年时间积累起来的全部家底。经过十年“文化大革命”，中国人前期创造的全部财富几乎都毁于一旦。[①]

三十年的风风雨雨，导致各项建设事业面临严重挑战，凄凄惨惨的现实生活，取代了美好却极端空洞的理想。

虚夸的预期

在很多人的眼中，近代中国已经蜕变成为一个如蜗牛一般爬行，甚至如雪崩一样瓦解的腐朽帝国，在外国人眼中，中国的落后与败落是一个非常自然且本该如此的现象。但是，中国竟然在很短的时间内从泥坑中爬了出来，倒让外国人大感吃惊。

于是一些好奇的外国人便以一种难以置信的口吻，对中国的发展予以不同程度的正面评价。这种肯定，当孙中山领导的辛亥革命取得胜利时，他们是如此；当袁世凯取代孙中山出任中华民国大总统时，他们是如此；当 1949 年新中国成立时，他们也是如此；当看到邓小平在中国推行市场化改革时，他们也是如此。

德国前总理赫尔穆特·施密特曾经说过，中国是“明日世界的赢家”[②]。国际民意调查机构的报告显示，有 42%的加拿大人和 31%的美国人竟然对“中国很快会支配世界”这个观点给予相当大的认同。[③]

此外，一些国际性机构有鼻子有眼地说，到 2020 年，世界格局将与今天

①席宣，等. 文化大革命[M]. 北京：中共党史出版社，1996：349.

②[德]赫尔穆特·施密特. 未来列强[M]. 北京：世界知识出版社，2005：17.

③佚名. 一些北美人担心“中国崛起”[N]. 参考消息，2005.

迥然不同，到那个时候，中国将成为与美国平起平坐的世界经济大国，中国人对之一直怀有恐惧之心的日本将被中国远远抛在屁股后面，中国的经济总量将超过美国、欧洲和日本等发达国家和地区。

对于中国未来的前途，一些中国人自己也表现出极端的自信，长期痛心疾首于国家落后的中国人于是飘飘然起来。曾经获得诺贝尔物理学奖的华裔科学家杨振宁在 1984 年根据中国当年生产出 4 亿吨粮食就断言："21 世纪可能是中国的世纪"[③]。

2006 年中国最高顾问学术机构，即中国社会科学院的报告称，未来五年中国 GDP 年平均增长率将持续保持在 8%左右，到 2010 年，中国实际 GDP 将上升到世界第三位的水平。

但是，不管外国人对中国的发展给予如何的肯定，也不管我们中国人自我感觉是如何的良好，都无法掩盖中国所存在的棘手的现实性危机和深层次的历史性危机！为此，我们中国人需要戒骄戒躁，需要警醒。

①杨振宁. 杨振宁文集[M]. 海口：海南出版社，2002：78.

第15章
论“国教”

一个民族、一个国家选择什么作为自己的信仰，就选择了什么样的未来。任何一个民族要想成为一个伟大的民族，任何一个国家要想成为一个伟大的国家，就必须有一种信仰能将其所有的国民聚集在一面旗帜之下，并能为自己本民族的核心利益而浴血奋战，至死不渝。至于这种信仰是来自本民族的“土特产”，还是来自其他民族的“舶来品”则无关紧要。一句话，最适合自己民族和国家发展的信仰就是最好的信仰；反之，即使源自正宗，如果不利于本民族、本国家的发展，甚至阻碍本民族和国家的发展，也应该快刀斩乱麻，予以彻底抛弃。欧洲人和日本人以两种完全相反的态度选择自己的信仰，就是一个最为典型的例子。

在如今一般人的意识中，似乎基督教就是西方人的宗教，西方人的宗教就是基督教。其实完全相反，西方历史上的宗教与基督教完全不同，它是一种崇拜天下万物的多神教，而一神教的基督教在西方漫长时间之内是作为一种十恶不赦的异教存在的。基督教后来在西方能成为一种主流宗教，完全是西方人自我选择的结果。

《圣经》原本是一部普通的故事汇编，基督教原本是一种普通的宗教，这本书和这个宗教所能告诉人类的也不过是一个个极其简单的普通故事。基督教的《圣经》原本不过是居住在耶路撒冷的以色列一些学者历经1500多年，所编纂的关于他们的祖先如何来到这个世界、如何进行艰苦奋斗的历史。就其作者和编者的身份来说，有些作者是至尊的国王，有些是农民，有些是祭司，有些是战士，有些是热忱的爱国者，有些却是非法地下组织的成员。其语言种类也是非常杂乱的，这些作者有的喜欢用希腊语来写，有的喜欢用希伯来语来写，有的偶尔是用阿拉米语写成的。从其文体来看，《圣经》也是非常杂乱的，例如，有的部分是用诗歌写成的，有的用历史故事形式写成，有的则是采用传记方式写成。关于基督教《圣经》的性质与定位，在英国学者约翰·斯托德的眼中，《圣经》属于一种“三不像”的东西。一是《圣经》不像一本科学著作。《圣经》中记述的许多历史事实，例如《圣经》中曾经记载说巴比伦王尼布甲尼撒曾经包围、攻占并实际上摧毁了耶路撒冷，拿撒勒的耶稣降生在罗马皇帝奥古斯都在位期间，都被科学验证为确有其事，但就《圣经》中的绝大多数记述来说，很难说都是符合历史事实的，诸多论述迄今查无实据。学贯中西的中国哲学家冯友兰先生曾就西方宗教与科学的关系做过研究，在其所著的《中国哲学简史》中，他提出：作为宗教，虽然也能提供若干的实际信息，但宗教所提供的信息与科学提供的信息往往无法调和。正因为这个原因，在西方，宗教与科学向来彼此存在冲突，科学每前进一步，宗教就倒退一步；在日益取得不断进展的科学面前，宗教的权威面临着越来越被弱化。基于这些原因，《圣经》无论如何算不上严谨的科学著作和历史著作。二是《圣经》不像一本文学著作。就其文学性来看，《圣经》在叙述那些伟大的主题时，文笔简练朴实，且富有深刻的洞察力和丰富的想象力，诸多国家（如美国、德国）的《圣经》译本因其文笔精湛而成为这些国家文学遗产的一部分。但总体而论，

《圣经》还够不上一部严格意义上的文学著作。它存在诸多文体上的缺陷，尤其是《新约全书》大部分是用古希腊方言写成的，完全是集市语言和办公用语，且大部分没有经过文学加工，语法也不够准确。三是《圣经》不像一本哲学著作。《圣经》中虽然蕴含着深刻的智慧，但是对于那些哲学家一直绞尽脑汁予以考虑的哲学问题，例如苦难与罪恶等并没有给予透彻的论述和理论上的说明。因此，《圣经》也算不上一本系统的哲学著作。因而，从文本本身也很难解释欧洲人为什么要选择基督教。

欧洲罗马帝国的君臣们对基督教采取毫不宽容的打压态度，也与基督教徒们所遵循的极端怪异的生活方式与狂热的生活态度有关。大量历史资料表明，罗马帝国当局对被其强大的军团所征服地区的各种宗教是相当宽容的，只要这些地区的臣民们向罗马帝国的皇帝们宣誓效忠，并履行最基本的仪式就可以了。对这些地区的臣民们的宗教活动，罗马帝国一般是不加干预的。我们应当知道，犹太人狂热地忠诚于他们的独一真神，如果谁要强迫他们放弃自己的信仰而信奉其他的神灵，犹太人随时准备让他们的家乡变成血肉横飞的战场。即便是对于这种作为基督教最原始版本的犹太教，罗马帝国也是采取网开一面的宽容态度，并没有采取过多严酷的弹压措施。但是，基督教虽然脱胎于原始的犹太教，与犹太人共用一本《圣经》，但是经过少数精英的改造和各种环境的浸染，基督教最终变成连自己的祖先都难以认同的宗教品种了。犹太人心目中的上帝具有严格的地域和种族界限，上帝是犹太人的上帝，上帝所要拯救的也是作为犹太人自己这个民族的所有子民。如果不被强迫，一般来说，犹太人也不会对别的宗教采取什么特殊的进攻行动。犹太人毕竟是“一种封闭的群体，是用割礼记号将自己和其他民族分别开来的民族，大都自顾自地生活和崇拜，也没有积极的传教活动”。而基督教则与犹太教大大不同，也正是这种不同决定基督教徒们必然要遭受比犹太教徒们更加凄惨的命运。

基督教拒绝异教神灵。无论是古希腊人，还是古罗马人，都是多神论崇拜者，在他们的宗教生活中存在着形形色色的神灵，如负责耕种和收获的神，负责下雨的神，负责刮风的神，还有什么火山神、生育神、死神，凡此种种，不一而足。而基督教徒们则公开谴责说，这些神什么都不是，一钱不值，应予以彻底的摧毁。

基督教拒绝“随波逐流”。对于罗马帝国的那些多神教徒，宴席一开始要向诸神敬献上液体祭品和祈祷，且在献祭以后要在某座圣殿里面举行宴会和社交聚会，被邀请者通常都是在某位神灵的桌边就餐。基督徒不仅不去参加这些活动，即使在他们被邀请的时候，也往往采取极端不屑一顾甚至是极端粗鲁无礼的方式加以拒绝。基督教徒们谴责罗马人的这种宴会做法违背人道，丧尽天良。此外，鉴于一位泥瓦匠可能要为一座异教神庙造墙，一位裁缝师可能要为异教祭司制作长袍，一位香料师可能要为异教祭品制作香料，一位教师在教学活动中可能使用讲述古代神灵故事的教科书或被要求遵守异教年历上的宗教节日，因此之故，基督教徒们宁愿衣食无着，也不愿意委身于这些可能冒犯基督教的工作。

基督教徒具有疯狂的传道精神。基督教徒们《圣经》片刻不离，言必称基督耶稣。只要有时间或有可能，他们就到处传道，要把整个罗马帝国的全部人民“改造”成为基督教徒。他们不是仅与普通的犹太人一样拒绝将罗马帝国的皇帝当作活神来崇拜，他们还要“忽悠”全罗马帝国的人民来拒绝皇帝崇拜。

基督教独特而非趋同。趋同是免于困扰的生活之道，而标新立异、特立独行则必然招致疑忌乃至遭受打击。基督教徒被罗马帝国当局视为不共戴天的敌人自然就可以从上面的分析中得到合情合理的解释了。自然，罗马帝国当局也是毫不手软，该出手时就出手。

在古罗马人和罗马当局看来，所谓的《圣经》只不过是一些异端邪说，如果放任这个宗教在欧洲泛滥，必然对欧洲世界构成重大的破坏。为阻止基督教的传播，欧洲各国诸王可以说是无所不用其极。公元 64 年，罗马遭遇罕见大火，罗马君主尼禄宣称大火是基督教徒所为，于是对基督教徒大肆进行捕杀。他们强迫基督教徒穿上粗布衣服，再涂上沥青和硫黄，把他们的下颌挂在树桩上，半夜时点燃。尼禄称之为“城市的火炬”。此外，根据史料记载，在中世纪欧洲，各国君主们为了遏制基督教的蔓延，他们发明了许多最残忍的手段，如肢刑架、夹舌器、拇指夹、铁靴、鞭打木架等。无数基督教传教者被绞死，被挖心、被肢解、被烧死、被煮死或被斩首。

但是，西方人毕竟是西方人，作为普通的西方民众在冷眼旁观当局无情打压基督教的过程中，也深深被这种“舶来品”中所释放出来的一种对待人生崭新而革命性的精神所吸引。

罗马帝国实行一种残忍的奴隶制，奴隶——无论男女——都在其奴隶制贵族的驱使下像动物一样从事着最卑微的工作。只要这些奴隶不能让其主人满意，就会随时遭受鞭笞，甚至引来杀身之祸。而在那些基督教徒家庭，虽然他们也同样使用奴隶劳动，但在这些家庭中，只要奴隶也成为基督徒的一员，就会受到平等的对待。奴隶们不仅不会遭受无端的伤害，而且还享有与其主人一样的权利。这就是人人平等的思想，而这种思想在古罗马帝国的传统文化中则是一种异端。

基督教强调尊重生命，无论这些生命是强者还是弱者，也无论这些生命是有罪的，还是无罪的，都是如此。而罗马人则不然，在罗马帝国时期，保留着诸多血腥的野蛮习惯。英国历史学家乔治·威尔斯在其《袖珍世界史》中用栩栩如生的文字为我们描述了罗马人的野蛮。威尔斯如此写道：“在公元前 3 世纪，当阿育王正在以一种开明的方式统治印度时，罗马人却在恢复伊特剌斯坎人的一种残酷游戏，强逼奴隶为他们的生命而进行肉搏。这项娱乐是如此残酷，那些失败者的尸体不断被人无情地从竞技场拖出去。在罗马，这种娱乐的格斗表演竟然在以后的两三个世纪得到了迅速发展。最先，因为战争频繁，格斗者都是战俘，后来便开始使用下层阶级被判处死刑的罪犯来当格斗者。……表演的节日到了，开始是仪仗游行，接着是假斗。号角吹响后，格斗正式进行。如果有奴隶拒绝格斗，无论是什么理由，都要被人用鞭子和烙铁赶出去。这时，受伤者有时会举起食指，乞求人们怜悯。在台上，观众或是挥动手帕表示宽恕，或是伸出紧握的拳头，用大拇指做出表示死亡的样子。……那些被杀死的或快要死的格斗者被人拖到一个叫‘剥夺所’的特定地方，在那里，他们随身的武器和所有的东西都将被拿走，还没有断气的格斗者会被人补上一剑刺死。”不知是什么原因作怪，罗马臣民如此地嗜血成性，他们在看到竞技场中有人被活活打死或被残忍的狮子、老虎吃掉时将手舞足蹈。即使是对待他们自己的孩子也是如此，如果他们发现孩子得了重症无法治疗，往往就将孩子扔掉，而不顾这些孩子是被野兽吃掉，或被强盗拣走，或被活活饿死。对这种野蛮行为，当时的罗马帝国境内没有什么人敢于提出不同意见，唯有基督教徒是一个例外。他们不仅公开谴责罗马人的野蛮，还通过自己的实际行动实践天主和基督的教诲。对这些格斗活动，基督徒们绝不参加，对那些奄奄一息的孩子，不到最后一分钟也不会放弃治疗。

虽然现代人经常批评基督教在性和圣洁婚姻观上迂腐陈旧，但在早期的基督教会中绝对听不到这样的指控。圣保罗的理论认为，身体是圣灵的殿堂，任何糜烂的生活都是对圣灵的亵渎，这种理论在古罗马时期无异于一种空谷幽泉，清新而激越。其在毫无妥协地谴责各种不贞洁性生活的同时，又在呼唤一种符合圣灵要求的家庭生活。罗马时期，达官贵人骄奢淫逸的生活已经引起了境内人民的普遍不满，基督教的这种精神无疑成为一种无与伦比的精神召唤。

与之同时，罗马当局在其坚决打击基督教的过程中，也敏锐地感觉到对于这样一种神奇的新精神如果不能因势利导地加以利用，而一味地予以弹压，那么势必会引发越来越多的信教者的反抗。关键是，这些聪明的罗马执政官们感到只要将基督教予以适当改造，就完全可以使其成为自己进行政治统治极端有用的工具。也正是在这种情况下，罗马帝国执政官们放下屠刀，与基督教和解甚至是走得更远。

公元313年，罗马帝国皇帝君士坦丁一世和共治者李锡尼颁布米兰敕令，规定各种宗教享有同样自由，并宣布修改以前的基督教政策，发还基督教财产。不久，罗马帝国就把基督教定为国教。《圣经》和基督教一步步融入欧洲各国人民的心理和社会结构之中。

欧洲人不仅不再打压基督教，反而自己组织了众多以传播基督教为唯一使命的基督教会，这些基督教会不但支配着欧洲人的生活资料和生产手段，而且垄断着欧洲人的所有文化生活。甚至那些基督教徒云集的修道院成为欧洲人唯一的学术园地，教士成为真理的唯一拥有者。一时间，基督教成为至高无上的真理，而欧洲人原本信奉的文化倒成了异端邪说了。《圣经》越来越成为欧美政治家的案头必读书籍。真是天下一大奇事，庞大无比的欧洲民族一下子从基督教的排斥者转变为基督教的信奉者。法国传记作家布里安曾经多年陪伴在拿破仑左右，根据他所写的十卷本《回忆录》和《拿破仑远征埃及记》等书披露，《旧约》和《新约》是拿破仑远征埃及时随时带在身边的书籍之一（其他还有《古兰经》《少年维特之烦恼》等）。同样，《圣经》也是嗜血成性的法西斯德国大兵最爱不释手的书籍之一（另一本是尼采的《查拉图斯特拉如是说》）。如今，几乎在西方的每一个洗礼、婚礼和葬礼上，人们都会捧着《圣经》，几乎在西方的每个法庭上，法官都会让人们手按着《圣经》起誓。在当代最强大，也是唯一的超级大国美国，基督教的教堂随处可见，就连美国新总统就职也必须面对《圣经》宣誓，在就职演讲结束时总要祈祷一句“上帝保佑”。

第16章 在危机面前保持冷静

在国际外交舞台上，反对霸权主义是一个相当时髦而特别容易哗众取宠的口号，在公开场合，几乎没有一个国家会对这个口号提出异议，似乎所谓的“霸权主义”是一只遭到人人喊打的过街老鼠。在外交领域，什么话都可以讲，但外交外表掩盖下民族利益的至高无上性则是永远不会有丝毫改变。

一个国家对重大国际事务的态度，归根结底是由该国家的综合实力所决定的。美国人曾经一度指责 18、19 世纪欧洲国家奉行帝国主义的强权政治，原因在于当时的美国仅仅是欧洲列强的小兄弟，其实力远在欧洲列强之下。欧洲国家如今在一些国际场合抱怨美国奉行蛮横的单边主义政策，原因则在于经过第一次世界大战和第二次世界大战，欧洲各大国已经完全失去了昔日帝国的风采，而美国则后来居上，成为当今世界唯一的超级大国。

中国有两句古话，一句是“此一时也，彼一时也”，另一句是“三十年河东，三十年河西”。一个国家从一个默默无闻的一般性国家发展成为一个叱咤风云的帝国，往往也只是短短几十年的事情；同样，一个国家从一个疯狂不可一世的帝国，衰败为一个分崩离析的普通国家，同样也不需要多少年时间。这就是历史的辩证法！

美国在100多年以前还被欧洲盟国看成一个只知道鲁莽行事、没有什么教养的牛仔。但经过第一次世界大战和第二次世界大战，短短几十年，美国就把英国这个当年的“日不落帝国”变成完全听任自己召唤的小兄弟。一向极端傲慢自大、极端讲究身份和礼仪的英国政治家们，面对傲慢无礼的美国政客，只好忍气吞声。

第二次世界大战以后的日本和德国，一贫如洗到几乎沦落为其他国家奴隶的地步，但也只用几十年时间，它们就恢复失败前的雄姿，如今国际社会有些国家像欢迎贵宾一样，希望它们能成为联合国常任理事国，并指望它们慷慨解囊支持联合国正常运转。

中国曾经对人类做出过巨大的贡献，但在近300年中，中国对人类的贡献则越来越少。中国相对于世界的落后，不仅仅是一种技术性或者说局部性的落后，而是全方位、根本性的落后。中国目前还只是一个所谓“第三世界”国家，在这种不利的情况下，中国使用容易引起同情的弱国战略来反对霸权主义和帝国主义，无疑是一种最为理想的选择，这也是一种不得已的选择。

一个国家面临的机会，一半是偶然碰上的，另一半则是自己创造的。在目最困难的时候，要实现伟大的理想和目标，中国人必须立足自己，为自己创造崛起和腾飞的机会。要实现成为伟大国家的目标，中国既需要擅长战略的政治家，也需要精通战术的政治家。

中国目前所面临的问题，注定中国必须进行类似日本明治维新那样的革新，不进行这种彻底的改革，中国是不可能走出困境的。同样，中国在20世纪所取得的一些经济成就和比较稳定的政治环境，也为中国进行某种彻底的改革创造了一种难得的机遇。只有抓住这种难得的机遇，大胆进行改革，中国才有希望，而且越早越好！

从文化上，中国人必须大胆否定那些过去信以为真，而实际上错误不堪的价值标准，超越自己，超越亚洲，超越东方！

中国的现代化过程是一个理性化的系统工程，需要国家行为的全面的理性化，因此，中国共产党必须从国家民族大局出发，全面推进国家和社会的全面进化。

只要中国的政治家以大局为重，只要中国的国家运行体制调整到位，每个国民的潜力都得到最大程度的发挥，未来的中国无疑会成为世界上最无人敢于挑战的首善之邦和首强之国。

中国人必须对自己的未来充满自信，在任何危机面前必须保持一种冷静，纵使苍天崩塌，中国人也要先看看到底天是从哪边先塌下来。苍天之下，我们总能找到属于自己的位置。

毛泽东曾经豪情万丈："数风流人物，还看今朝。"在这个充满无限可能的世界上，在这个最好也是最坏的世界上，在这个"天高任鸟飞，海阔凭鱼跃"的时代，如果实现不了中国强大这一鸿篇巨制，责任则全在中国人自己，每个中国人都将是中国落后的直接责任者。

第17章 真正意义的革命是解放和发展生产力

真正意义上的革命，其目的和根本任务在于解放和发展生产力，偏离生产力发展的革命从任何意义上讲都只能定性为暴民的内乱。

马克思在其《共产党宣言》中批判“封建的社会主义”时有过一段精彩的表白：“为了拉拢人民，贵族们把无产阶级的乞食袋当作旗帜来挥舞。但是当人民跟着他们走的时候，却发现他们的臀部带有旧的封建纹章，于是就哈哈大笑，一哄而散。”

邓小平肯定看过这句话，但他是否注意过这句话则不得而知。但我认为，邓小平在中国共产党领导精英中是最理解这句话的分量的。中国社会虽脱胎于封建社会，但绝不能变成封建的社会主义。无产阶级的要饭袋虽可被一时当作旗帜来挥舞，把人民拉到革命的队伍中来，但若让革命的人们永远一无所有，人民迟早会愤愤而去。

历史上屡屡发生的革命，除了极少数是政治活动家们精心策划的结果外，大多数是因为经济根源而引起，只要存在贫困，就存在发生动乱或者革命的可能。富裕使资本主义历经磨难但至今生龙活虎，对富裕的追求使苏联和东欧国家的人民放弃了社会主义而投入资本主义的怀抱。贫穷不是社会主义，贫穷只会葬送社会主义。人民可以选择一个令人讨厌的制度，但不会选择贫穷。共产党只能靠给人民富裕幸福的生活才能立足于这个世界，解决不了贫穷问题只会葬送共产党的前途和命运。这不是理论上的推理，而是不久前发生的残酷的事实。

邓小平是一位无产阶级政治家，他比许多伟大的资产阶级革命家高明得多，伟大得多。他不仅诊断出几乎致中国人民于死地的贫困病根，而且发现了治愈这种疾病的良方，那就是“让一部分人先富起来”。邓小平深知，只有建立在全民中产阶级化的基础上，中国社会才会有真正的稳定和繁荣，中国共产党人的任务不是继续造就中国的无产阶级，而是培育中国的中产阶级。在中国无产阶级占主体地位的情况下，让一部分人民先走上富裕之路，不失为明智之举。

与中国许多其他政治家比较起来，邓小平是那种少见的能从国际视角进行思考的政治家之一。在南方讲话中，邓小平多次提到中国香港、中国台湾、韩国、新加坡。在邓小平看来，这些国家、地区的现在就是中国的未来。而众所周知的是，这些国家或地区正是中产阶级的天下。亚洲“四小龙”正是邓小平心目中的参考模式。我们可以毫不夸张地说，这也正是推动邓小平发表南方讲话的外部动因之一。邓小平深深具有马克思当年对德国、列宁对俄国，也如新中国成立之前毛泽东对我们中国的那种感慨，即“我们——为资本主义不发展所苦”。

邓小平看得很准，缺乏一个充分发展的资本主义阶段是中国近代史上的最大不足之一。对于我们中国来说，封建的东西之所以根深蒂固，归根结底也是因为中国的资本主义不够发达，不足以遏止封建的东西死灰复燃。威胁中国发展的主要不是资本主义，而是封建主义。

邓小平的挚友李光耀先生，其人生最辉煌伟大之处，则是他治理新加坡时把这个旧日的小渔港变成中产阶级的天堂。一个小小的岛国，其人民能在世人面前扬眉吐气，关键在于握在其人民手中的是大把大把的能与世界各国人民进行平等对话的钞票，而不是其有什么神秘的巫术。

第18章
贫富悬殊非理性化危及社会稳定

合理范围内的贫富差距是促进社会健康发展的推进器，合理的贫富差距将促使那些收入较低者无怨无悔。不合理的贫富悬殊则使富裕者无法心安理得地享受财富带来的快乐，使贫穷者无法在面对尴尬的处境时保持一种平和的心态。贫穷者对少数富裕者的攻击，是对不公正国家制度的反抗，如果国家处理不好此类攻击，那么它们将直接对社会的发展构成致命的威胁。

中国的贫富差距较为严重，联合国开发计划署公布的一组数据也显示，中国目前的基尼系数为0.45，占总人口20%的最贫困人口在收入或消费中所占的份额只有4.7%，占总人口20%的最富裕人口占收入或消费的份额则高达50%。

在这种情况下，对国家和社会发展做出重大贡献的一些人却可能面临贫穷的境地，而某些通过权力寻租的人则可以轻而易举地聚集起社会财富。经济学家吴敬琏曾经把中国社会贫富悬殊的原因归结为“机会的不平等”。综观中国的富裕者阶层，尽管不乏凭自己的才智和勤劳致富的个别企业家，但也确有相当一部分人（主要是那些暴富阶层）的发家靠的是官商勾结、权钱交易等“寻租”行为。而在国有经济领域，一方面，个别企业和部门倚仗其行政垄断地位排挤其他参与者，谋取高额利润；另一方面，更有一些国企经营者和国家公职人员，通过种种不正当手段大肆侵吞国有资产。

当今中国已经成为世界上如宾利车之类高档消费品的巨大市场，当一批豪富阶层沉醉在高消费生活之中的时候，还有一亿多人处于社会的低收入阶层。这确实是一个严峻的社会问题。

第19章 中国不容忽视的“问题”

我们无法一一列举中国社会存在的问题，只能采用一种笼统的方法做出纲要式的诠释：

超不稳定的社会结构。与中国文化奇特的凝聚力形成明显对比的是，中国的社会却呈现一种奇特的超不稳定状态。一位外国历史学家这样评价中国人，中国人虽然缺乏标新立异的革命性，但中国人却具有一种坚强的反叛性。与其他诸民族相比，中国历史上的动乱之多都是无与伦比的。剧烈的社会变动使社会生产力很难有比较宽松的发展时间与空间。

脆弱的经济基础。自拿破仑以来，西方一直把中国称为是早晚要醒来的雄狮，一旦中国觉醒，全世界将为之震惊。西方一些国家曾经侵略过中国，因此他们总是以一种怕被报复的眼光关注着中国的发展。形形色色的“中国威胁论”与“黄祸论”便是在这种情况下产生的。美国国际问题专家理查·伯恩斯坦和罗斯·芒果炮制的《即将到来的美中冲突》一书对所谓的美中冲突做了添油加醋的渲染，在西方闹得沸沸扬扬。在这些人看来，不出几年，中国将成为世界上经济规模最大的国家，同时中国也将成为全球第二大军事大国。随着中国政治和经济实力的增长，中国不仅将迫使周围的国家臣服于自己，而且将直接向美国的霸主地位进行挑战，在全球范围内与美国展开角逐。

说中国不好的人很难成为中国人的朋友。李光耀被认为是中国人的好朋友，原因之一便是他曾经说了不少鼓励、夸奖中国人的好话。他对中国的许多赞誉之词让好多中国人沾沾自喜了一番。1992 年 9 月 29 日在北京国际信托投资公司举办的国际经济论坛午餐会上，李光耀发表了《中国可望有爆炸式增长》的演讲。在这篇演讲中，李光耀称：“如果中国大陆继续保持目前的增长速度而不发生逆转，到 2024 年，它的人均国内生产总值将和台湾一样。那时，中国的国内生产总值将达到 13 兆亿，大于美国和欧共体 1990 年国内生产总值的总和。”

李光耀是一个极端自信的人，他对所谓的“亚洲价值观”有一种莫名其妙的崇拜感，这与他本人一帆风顺的政治生涯不无关联，也与新加坡这个小国近 20 年奇迹般的发展不无关联。作为中国人，我们心中一定要明白，在中国人举办的午餐会上，作为外国人的李光耀夸夸中国，让中国的听众高兴一番，这完全可以理解。李光耀的话仅是一种鼓励，而不等于中国的现实，中国的未来并非一定如李光耀所预言的那么可喜。但可悲的是，诸如此类中国人夸自己的话也屡屡见诸报端。有些国人就是爱走极端，情况不妙时把自己的祖国看得一文不值；情况稍好些，则又飘飘然不知自己姓甚名谁。

经营效益有待改善的国有企业。国有企业在中国的经济生活中占有举足轻重的地位，但据一些部门的资料显示，中国最大的500家企业一年的销售额赶不上日本三菱公司一年的销售额。此外，根据中国官方公布的资料，中国的国有企业中破产企业已经超过1/4，下岗职工总数达1400万人。而实际上，中国国有企业中停产和半停产企业占到整个国有企业的一半以上。有人还统计过，中国改革开放30年，中国的国有企业的生产效率和产出效益竟然是走着一条持续下滑的路线。比利时思想家卢森堡说过："虽然有时候鹰飞得比鸡还低，但鸡永远飞不到鹰的高度。"从中国国有企业的发展史来看，有些国有企业已经变成了飞不起来的鸡。1999年，世界银行公布的《世界人均国民财富总量》报告显示，美国目前人均国民财富总量是40万美元，北美是32万美元，欧洲是23万美元，东亚人均4.7万美元，而我们中国只有3.5万美元，比东亚人均水平还低1.2万美元，中国人均财富量位居世界第57位。

另据世界银行2008年的报告统计，中国属于世界上低收入的国家，人均产值排名第92位，即使是按照购买力来进行计算，中国也是排在70位以后。外国有人投中国所好，夸夸中国，咱们可千万别当真，自己要认得自己。自己是几斤几两，中国人心里应该最清楚。中国人常说心"里要有杆秤"就是这个意思。许多英雄不是死在敌人的炮口下，而是死在朋友的捧杀中。

尤其是，一按照"人均"指标来评估中国的综合国力，就让我们感到尴尬：

根据不完全统计，中国的人均资源占有量，按照人口平均来说，矿产资源人均值只有世界人均值的1/2；人均耕地面积为世界平均的1/3；森林资源为世界平均的 1/6；草地资源为世界平均的 1/3；水资源为世界平均的 1/4。新中国成立后减少的耕地为 2.4 亿亩，相当于一个法国，两个英国，三个半日本。

中国的人均钢材产量只相当于美国 19 世纪末 20 世纪初的水平。我国人均占有粮食不足美国和法国的 1/4。我国现有铁路仅仅相当于美国 1863 年的水平，公路通车里程不及美国的 1/6。

中国人均国民生产总值也仅仅只有日本的 1/64，美国的 1/43，卢森堡的 1/67，新加坡的 1/43。中国迄今为止，尚有相当于法国两倍人口的温饱问题还没有得到解决。

令人担忧的教育发展情况。根据不完全统计，1990 年的全国人口普查时，中国的文盲、半文盲人数共有 1.8 亿人，而每万人中的大学文化程度的人仅有 16 人，仅仅相当于苏联 1939 年的水平，不及美国 1984 年这一比例的 1/11，是日本 1984 年的 1/12。中国 1996 年教育支出仅仅占国民生产总值的 2.44%，就连古巴、朝鲜、印度、埃及、刚果、几内亚比绍这样的国家的教育投入比例也比我们高出许多。目前的最新统计并没有给我们带来什么积极的信息。

捉襟见肘的科技投入。对近几年来经济增长率的分析表明，科技在我国国民经济增长中所占的比例为 20%，而西方发达国家的这个比例已经达到 50% 以上。其最主要的原因是我国的科技投入太少。据统计，目前美国、日本等国研究与发展经费已经占国民生产总值的 3%，而我国仅为 0.7%，有的年份更下降为 0.56%。

有限的国际影响力。综观中国在当代世界中的实际影响力，离真正的大国还是“路漫漫其修远兮”。日本一位学者从这样几个方面论证了这个问题，我认为还是有部分道理的。所谓经济大国，是指它拥有统一的国内市场，其潜在的经济力对周围地区具有或好或坏的巨大影响。但是，就中国的发展来看，中国目前所拥有的市场离真正的全国统一的大市场要远得多。就中国的经济影响力来说，姑且不说中国对世界经济能产生多么大的影响，中国的经济就是在亚洲的影响也是极其有限的。经过“无产阶级文化大革命”的“洗礼”，中国的国库空虚，民间基金也是捉襟见肘。到“文化大革命”结束时，中国几乎是在没有多少发展资金的基础上走上改革开放之路的，在这种情况下，中国不得不采取靠引进外资来启动中国经济的路子。从某种意义上讲，中国的经济发展是中国融入东亚经济圈的结果，中国的发展是引入海外资金的结果，而中国离资本输出国还差得远。

在几年前发生的东南亚金融危机中，中国曾经因为许诺人民币不贬值而赢得一些国际社会的称赞，但当年真正能带领整个亚洲走出经济低谷的，则是日本与美国。特别是日本向印度尼西亚、马来西亚、泰国、菲律宾以及韩国等这些陷入经济危机的国家提供的 384 亿美元的巨额资金支持。毕竟，虽然中国的人口是日本的 10 倍，但当时我们的经济规模仅仅是日本的 1/6。在这方面，中国台湾地区当时所起的作用也许要比中国大陆大一些。

一位西方学者这样评论道：“中国人口多，面积大，但是作为一个成熟的大国，中国仍远远落后于日本。”

上述问题都是我们每一位中国人不容忽视的。我们胸怀伟大的中国梦，且行且努力，要不断解决问题，让中国成为真正意义上的成熟大国。

第20章 给人民创造成功的机会

中国人酷爱下象棋，小小的棋子，也酷似中国人的命运。在小小的棋盘上，小卒只能往前冲，马只能斜着走，象没有田字不能轻举妄动，就连将帅们也没有太多的活动空间，强敌入境时，也不能多走一步。

中国的户籍制度使绝大多数人民固定于某一地区，而我们的就业政策则使许多人一辈子也只能从事一两种职业。特殊历史时期的政治性的强制安排更使中国人的角色定位过于死板。

“上山”“下乡”“参军”“支边”“下海”“下岗”，等等，这些耳熟能详的动宾词组，决定着无数中国人的命运。毛泽东说过这样一句激动人心的话，那就是“人定胜天”。可悲的是，在那个特殊的年代里，人民无权选择属于自己的生活方式，也没有能力去选择自己的生活方式。

于是乎，个人失去了活力，国家失去了活力，个人失去了自我发展与完善的机会，国家也失去了崛起的机会。没有机会自然也就没有发展。面对新的生活，人民便无所适从。即使遇到新的机会，也没有抓住机会的能力了。

机会就像东方冉冉升起的太阳，唯有社会与个人共同分享太阳，社会与个人才能看到希望。个人的发展是社会发展的前提与基础。作为一个国家，也应该有这样的环境：国家不可能保证人人成功，但必须能够保证人人有成功的机会与条件。一个失败的公民，除了抱怨自己智力上的不足与道德上的瑕疵外，别无他怨。

机会，说到底就是参与竞争的机会。具体而言，就是参与政治竞争的机会，参与经济竞争的机会，参与文化竞争与教育竞争的机会。社会需要竞争，只有竞争才有进步。没有竞争的政治是“食腐”政治，没有竞争的文化是“食腐”文化，没有竞争的教育是“食腐”教育。“食腐”动物多了，有什么吃什么，社会便会逐渐耗尽元气。

一个社会，一个国家，若消灭了人民获得成功的机会，使人民的价值处于虚设状态，那就种下了动乱的种子。正如一位作家所说的：“当社会上、政治上不给人民出路的时候，那么犯罪自然便成为不少人眼中的辉煌。”

第21章 一个真正的“人”

苏东坡说：“人生识字忧患始。”对我下海创业产生关键性影响的山西企业家马吉祥先生说过：“人生最痛苦的事情有两件，一是割肉，二是借钱。”而在我看来，人生最痛苦的是这样两件事：一是失去自由，二是失去思想。别人说，“不自由，毋宁死”，但对我，不思想，不如死！我们失去过自由，但从未失去过思想。生前我是个思考者，死后我依然是那个世界的探索者。

人，适应一个时代是远远不够的。真正的英雄，应该超越时代。因为你若仅仅以适应时代或仅仅以超越你自己的时代为目标，那么时代很快就会超越你、抛弃你。唯有超越时代的人，才能永远走在时代的前列，而不被时代所淘汰、掩埋。

胡兰成说：“常人只觉得样样东西都是当然的，唯天才的人是像小孩的认真，而于现实的东西每会觉得不对，连晒在阶前的太阳都不对劲似的，叫人委屈，懊恼，诧异，欢喜。”不认真是人类的通病，唯有天才之辈才真正懂得认真。在常人眼中，太阳不过就是一个大火球，而在天才的眼中，太阳则是人与万物共同的创造者。

一个人，不仅要敢于思想，而且要敢于像他所思想的那样去生活。

第22章
“国学”与发展

马克思在《共产党宣言》中曾经批评“封建的社会主义”所鼓吹的不是“普遍的禁欲主义”，就是“粗陋的平均主义”，如果以此来形容中国的古代文化，可谓切中肯綮，一针见血。中国的古文化，不管是居于主导地位的儒家文化，还是在一定时期占有特殊地位的其他文化，都深深打上了那个时代的烙印。

中国传统思想和文化宛如建立在沙滩上的高楼大厦，缺乏牢固而扎实的基础。一些流派虽然在那“百花齐放，百家争鸣”的稀罕年代获得了一定的发展，但从构成当时主流思想的各种流派来看，无论是儒家、道家，还是法家等，都严重受到中国农业经济的影响和制约，普遍表现出与现代社会格格不入的古怪特点。

古老的中国文化，其价值趋向是一种典型的复古主义。孔子生活的时代，是一个人们对政治与那些所谓的政治家极度失望，甚至是绝望的时代，面对国家往何处去这个问题，人们感觉到茫然不知所措。懒惰乃人之本性，于是乎，最保险也是最省事的办法就是从那些祖先的故纸堆中去探索那些所谓救国救民的真理。那些所谓的真理，离现实越久远，人们越是很难挑剔其内在的瑕疵，因此，愚昧的复古主义便成为社会的主流文化。孔子心目中的黄金时代和理想社会就是尧、舜时代，以孔子为代表的儒家文化是复古主义的急先锋。

从其张扬的人生观来讲，中国文化鼓吹的是一种禁欲主义文化。人是社会的基础，没有一个个具体个人的发展，就不会有社会生机勃勃的发展。千百年以来，人类一直匍匐于各种各样的压迫，诸如自然压迫、政治压迫、宗教压迫、性别压迫、阶级压迫、民族压迫和形形色色的精神压迫之下，人类的进步基本上是以对各种压迫的反抗程度作为评估体系。中国古代文化按照一种与人类健康文化相反的方向前进，这种文化鼓吹一种畸形的价值观，人们耳朵不能乱听，眼睛不能乱看，鼻子不能乱闻，嘴不能乱说，身体不能乱动，头脑不能乱想。在这种畸形的文化之下，诸如《红楼梦》中所说的“时时在意，处处小心，不敢多说半句话，不敢多行半步路”的人物才能生存于这种社会之中，否则就是大逆不道，整个社会都会群起而攻之。儒家以一种道德说教遏止人们追求创新的欲望，道家以一种玩世不恭的心态要求人们安身立命，而法家则以残忍的刑罚遏止那些胆敢越雷池一步的人。

在古板的文化熏陶下，人们好像遭遇阉割的动物，失去了任何冲动，一切都在平平静静、半死不活中进行。即使天塌下来，中国人也会表现出如一种泰山压顶不变色的从容不迫。此外，中国人相信，东方不亮西方亮，此一时，彼一时，因此，总是相信车到山前必有路。面对实际的问题，中国人总能有许多的变通与多样性的选择，那种执着的情况不多见，一切都是水性杨花，没有什么韧性。

总之，在这些流派之中，没有一家不走上积极复古的“怪坡”。在他们的著作里，我们处处可以找到复古的言论。古人的言行是中国人证明他们主张正确性的唯一依据，也是他们规划将来的唯一参照。他们“一方面觉得当时政治制度的衰败没有一样足以取法，一方面又自以为人微言轻，不足以号召天下，于是不得不捧出一个古字来，而其结果总是复古。”①依照中国传统文化建筑起来的社会是一个小国寡民的社会，按照其主张培养出来的人，则是那种没有个性、唯唯诺诺、简直就不是人的怪物。

中国古代文明是一个只有文明而没有历史的文明。大自然的不平衡性决定了人类中只有极少数民族是按照基本向上的方向在前进，而大多数文明都是反其道而行之。大自然的残酷性与人类生命力的脆弱，使人类在不断发生的大规模的地理灾变中周期性地归结或死亡。中国古代文明是一个典型，低层次的农业经济决定了它总是周而复始地退回到其文明的极端低级和落后的起点，而很少有一点进步。对中国人来说，停滞不动似乎就是前进。西方一位学者认为，100 年前甚至 1000 年前的中国人如果生活在今天，他也会感觉到很舒服，因

①陈序经. 东西文化观[M]. 北京：中国人民大学出版社，2004：4.

为在其周围仍然是与其一模一样的人。而在西方社会则不然，他会因为社会发展的巨大变化而感到特别不习惯。

当局者迷，旁观者清。西方思想家虽然远隔千山万水，但他们对中国古代文明的看法可谓入木三分。

德国古典哲学家赫尔德认为，在中国、印度和美洲的土人中间，就根本没有什么历史的进展，而只有一种静止不变的文明。中华文明具有如下特征：四声语言，水利文化，混杂无章的花园，华美不实的服装与奢侈的游乐，长指甲与缠足。因此，中华文明保守不变，囿于固习，过于僵硬，中华文明没有历史的进展而只是一种没有希望的静止不前，中华文明是没有任何革命性变化的文明。①

德国哲学家黑格尔把世界各民族分为无历史民族与历史民族，世界文明和世界精神的发展和实现范围只限于西欧、北美和前亚细亚地区，而生活在其他地区的民族根本无历史可言，毫无疑问应该被排除在世界历史之外。他提出，一个历史民族如果完成了自己的历史使命，就要成为无历史的民族。根据黑格尔的逻辑，中国自然就是这样的民族了！②

---

①[美]斯塔夫里阿诺斯. 全球通史——1500 年以前的世界[M]. 上海：上海社会科学院出版社，1992：28.

②[美]斯塔夫里阿诺斯. 全球通史——1500 年以前的世界[M]. 上海：上海社会科学院出版社，1992：35.

第23章

论消除所有制崇拜

生产力面前人人平等

在当代中国，有时候死人比活人还要更拖累当代人。若用当年马克思和苏联时代的政治经济学教科书对中国人的影响作为例证，那是再生动不过了。

在中国的经济学和政治学中一直存在着所有制崇拜这种怪现象，就是因为受到苏联政治经济学教科书的影响。一些人机械地认为，只要我们国家所有权保证在各个企业中占据绝对份额，我们的社会主义江山就不会改变颜色。

笔者认为，社会主义应该把追求个人与社会的自由与充分发展作为自己的最高目标，是以国家的形式，还是以集体的形式，或者是以个人、私有的形式去占有财富，只不过是社会主义所有制的不同实现方式。社会财富以哪种方式为人民占有最有利于社会生产力的发展，哪种方式就应该值得提倡；哪种方式不利于社会生产力的发展，哪种方式就应该予以改变。

是否发展国有经济，以及国有经济在国民经济中占据多大的比重绝不是社会主义与资本主义的根本区别。与市场经济一样，资本主义国家可以搞国有经济，社会主义国家也可以搞国有经济。例如，英国和德国的铁路、电力及邮政三个重要部门完全是国有的；法国在这三个领域里国有经济的比重分别为100%、75%和100%；美国在邮政部门中国有经济的比重也是100%。

有中国特色的社会主义区别于资本主义应该体现在这样几个方面：一是中国是由坚持马列主义意识形态的无产阶级政党领导，而资本主义市场经济是在资产阶级领导下进行的；二是社会主义国家从其本质上讲更使社会生产力得到最大程度的发展，因为只有在社会主义社会才能实现个人与社会利益的高度统一；三是社会主义市场经济是以共同富裕为主要特征，而不是以追求个人财富的积累为根本目的。说到底，有中国特色的社会主义就是在中国共产党的领导下发展市场经济，其最终目标是共同富裕。由此看来，人民选择一种什么样的经济制度，绝不是看这种制度表面上或者实质上是多么花哨，关键是看这种经济制度能在多大程度上促进全社会生产力的发展并促进社会的共同富裕，至于人民占有财富是采取国家、集体、私有或者个人所有，那只是形式不同而已。在整个经济竞争当中，哪一种形式具有强大的生命力，哪一种形式就应该占据主体地位，其地位取决于它能在多大程度上满足社会生产力发展的要求。

历史经验表明，何种形式成为主体不是人为的规定，而是历史的必然，因此我们认为在有中国特色的社会主义的旗帜上应该鲜明地写上“在生产力面前人人平等”这个口号。在经济生活中，经济主体之间是靠其对社会的贡献来论资排辈，而不是看其是贵族的血统还是平民的血统。

人们对于所有制的崇拜还来自这样的一种恐惧，这种恐惧认为，一旦某一经济主体掌握了经济上的主体地位，便会成为政治上统治者的取代者，便会使统治者江山易手。其实这是一种可笑的谬误。20世纪七八十年代以前，英国的国有企业比重达到80%，也并未使这个国家变成社会主义国家；在东南亚金融风暴中，我们的华人同胞遭到了非人的凌虐，而在这些国家中，华人的财富所占比例高达 79%，华人占绝对地位的财富并不必然意味其在国家政治中也占据绝对统治地位。

我们正在探究实现社会生产力发展的最优化社会财富占有方式，简单地宣布国家所有制不适应生产力的发展是不理智的，简单地宣布私有化最有利于社会生产力的发展同样也是不理智的。总之，当代中国社会面临的最大矛盾之一，便是社会需要生产力以最快的速度和最优的效率发展，与我们还没有建立一种最适合这种需要的社会财富占有模式之间的矛盾。

目前，中国人仍然面临着让思想冲破牢笼、消除所有制迷思的问题，这真是中国与中国人的悲剧。中国迫切需要建立一种经济宽容制度。国家不应该在经济所有制形式上分成三六九等，哪种形式适合生产力的发展，哪种形式就具有生存的价值与必要性。美国学者曾经针对美国政府的经济政策指出，政府将频道进行私有化是一个好主意，而将涉及国家安全的公司进行私有化改造则是一个坏主意。

对于中国的企业来说，在多数情况下，国有经济与私有经济各有其价值。具体来说，在服务性行业和竞争性行业生产的产品，私营企业优于国有经济，在提供公共服务的行业中，如铁路、市政、污水处理、国防等方面，国有企业则优于私有企业。真正理性化的经济结构应该不是那种非此即彼的单一化结构，而是那种公有、私有相互依存、相互促进的多元化结构。

国外有专家研究表明，私有企业的营运状况通常要比公共企业好 10%~15%，但这并不是说要把所有企业都搞成私有企业。资料表明，即使在私有经济最为发达的西方国家，也没有一个国家 100%是私有经济的。总之，国有化并不一定是最好的形式，私有化也并不一定是最好的形式，重要的是要为国有经济与私有经济创造一个公平竞争的政策环境。

中国目前存在的问题是，国家虽然从理论上承认了私有经济存在的合理性与必要性，但在实际生活中，对私有经济的保护还是显得不足。

国有企业：不要四面出击

每个国家和地区都遵循这样的规律，即通过工业化而实现现代化。日本扎扎实实用了100年的时间实现工业化，铸就其亚洲经济霸主的地位。新加坡则用了50年的时间实现了工业化，而跨入发达国家行列。我们知道，韩国的工业化主要靠财阀企业家，中国台湾靠的是中小型公司，中国香港依赖的是小公司，新加坡则是通过跨国公司，利用高科技和高水平的管理来实现工业化的。高度工业化的标志是：其一，国内企业牢固占领国内市场，这种占领不是靠保守的外贸政策，不是靠畸形的国家补贴，而是靠企业内在强劲的竞争力；其二，建立强大的海外经济桥头堡，在国际市场登堂入室，获取世界性成就。我们中国人多年来一直将这宏图大志寄托在国有企业上，可惜，自顾不暇的国有企业很多处于全面的萧条状态，目前只能靠惨淡经营来养活那么多可怜的工人们。指望依靠这些国有企业来实现中国经济的现代化确实是打错了算盘。

心理学告诉我们，世界上有两种人是永远长不大的人：一种是缺乏父母之爱，终身都在为此苦苦追求的人；一种是被父母溺爱而害，终身摆脱不了父母影子的人。对于前一种人来讲，他在潜意识中一直为追求这种父母之爱而苦苦挣扎，也因得不到这种父母之爱而永远长不大；对于后者来说，因这种人永远摆脱不了父母的影子而难以有独立的自我，因而这种人也永远难以走向成熟。

市场经济大潮中，中国有些国有企业一直处于一种不成熟的状态。原因在于他们在国家怀抱中一直处于被政府和国家溺爱的状态。要使中国的国有企业走向成熟，必须对之进行“断奶”，父母溺爱孩子，结果是毁掉孩子；同样，国家溺爱国有企业，也会毁掉我们的企业。中国的一些国有企业已成为扶不起、长不大的阿斗。

在中国，曾经流传着这样一个笑话，中国东北某地有一个养着许多国家珍贵动物的动物园，动物园的职工们为了保持和恢复老虎的野性，经常朝关老虎的笼子里投进去一些活鸡，但这些老虎满笼子追鸡，经常是累得只喘粗气，而动不了鸡一根毫毛。万般无奈之下，动物园决定将这些老虎放进森林中去，但这些老虎忍受不了那种生活，过了几天之后，竟然一个个又回到了动物园，蹲在喂食的石槽旁，等着职工去喂它们。

这些老虎事实上就是我们某些国有企业的形象。要使中国的国有企业走向成熟，对于国有企业来说，要克服恋母情结；对于国家来说，要克服那种溺爱情结。企业失掉了独立性，则不成为真正的企业。正如一个没有独立人格的人只不过是行尸走肉而已。日本一位名叫小宫隆太郎的经济学家前几年来中国进行一番考察后提出："中国不存在企业，或者几乎不存在企业。"企业是国家的灵魂，企业是人民就业机会与生活资料的提供者。企业搞不好，任何社会都不是一个健全的社会。要使企业走出困境，必须尽快建立一种立足现代经济基础的企业独立财产制度，让政治从经济所有者的角色中走出来，让企业从国家的羽翼下走出来。

让政治从经济中脱离出来的另一个价值，就是把企业从政府的怀抱中解放出来有利于培养真正的企业家群体。科学地说，企业家也是企业职工的重要构成部分之一，是一种特殊化的企业职工，要使企业家真正把企业当作自己的家，把企业的财产当作自己家里的东西一样爱护，而不是把企业的财产当作别人的东西随心所欲地予以浪费掉。要建立一种企业与企业家的命运共同体。

在过去、现在和今后相当长的一段时间里，30 万家国有企业一直是我国国民经济的主体。针对有些国有企业自身存在的效率低下、浪费惊人、腐败横生等问题，中国很早以前就对国有企业进行了改革。这场改革的原则是政企分开，目标是建立现代企业制度。

多年的改革一直在国家既要保持对国有企业的控制与垄断，又要放开搞活企业的所有权；国家既要严格监督企业经营者的所作所为，又要鼓励企业的经营者面向市场、大胆经营这样一些矛盾中艰难运行。一次又一次的调整改革，使我国的许多企业处于一放就乱、一管就死的奇怪格局中。之所以出现这种情况，我们认为，归根结底是因为没有采取科学合理的办法对企业进行分类，而采用“一刀切”的办法进行。

中国的企业改革发源于所有权与经营权分离理论的提出，这个理论的提出对于打破国有企业一统天下，为其他类型企业的发展创造了条件，但随着改革的逐步深化，这个理论也逐步暴露出其致命弱点。企业归国家所有，国家是企业的主人，国家不可能让企业放任自流，企业也不可能潇洒地面向市场、随机应变。企业如成为独立主体，企业也就不可能随时随地听命于政府部门，政府也就很难对企业的经营者进行有效的监督与约束。政府与企业之间的矛盾一直伴随着我国的企业改革，企业半死不活与“穷庙富和尚”现象的并存一直得不到合理的解决。

我们认为，可对我国的企业采取这样的改革思路：分而治之，进退并行；国有国营，私有私营，个人所有，个人经营。所谓“分而治之，进退并行”，是指将我国的国有企业一分为二，一部分继续保留其国有身份，一部分则退出国有系列，通过股份制等方式，将其“变性”为非国有企业，实现所有权与经营权的高度统一。国有企业由国家经营，企业的管理者与企业的主要领导纳入国家公务员系列。国有企业可有计划地从一些行业退出，也可有计划地进入一些行业。非国有企业则完全推向市场，民有民营，私有私营。

消除“假洋鬼子”现象

中国的许多企业酷似契诃夫小说中的“变色龙”，它可以根据外界情况的变化随时给自己戴上颜色不同的帽子。当国家看重国有企业时，它们就给自己戴上“集体企业”的帽子；当国家决定对民营企业实行特殊的扶持政策时，它们就摘掉自己的红帽子，摇身一变恢复为民营企业的真身。

中国官方公布的外资企业的数字是比较大的，但其中有很多是“假洋鬼子”，这是我们的对外经济政策未能根据国家情况的变化相应进行调整而出现的又一现象。

中国是一个大国，我们有土地，有资源，有廉价的劳动力，就是没有能够启动经济的资本。邓小平实行开放政策，并命令中国的一些行政部门制定优惠政策，以鼓励外资自由进入中国，这正好解决了中国“求资若渴”的问题。而在解决中国资金短缺方面，广大华人华侨起了关键的作用，因此有人将中国经济称为华侨经济并不过分。没有华侨经济的介入，就没有中国经济的发展。中国对于外资企业采取的优惠政策实际上是对外资进入中国可能遇到的不平等环境的修正。对于外商，特别是对于非华裔外商来讲，他们不了解中国的语言，不了解中国的投资政策，不了解中国的法律制度。

但到今天，外商在中国遇到的问题基本上不复存在。几年来，我们给予外资企业以特别的超国民待遇，这是中国改革开放特殊时期的特殊政策，这种政策也必然具有历史的短暂性。

中国目前已经越过了依靠外资的拉动来推动国民经济的初级阶段，在这种情况下，若继续给予外资企业以特别的优惠政策，就给人一种“宁赠友邦，勿与家奴”的嫌疑，必然会对广大“内资企业”的发展造成极大的伤害。归根结底，中国经济的发展要靠我们自己的企业来推动，调整的内容与方法是：逐步削减外资企业所享有的优惠条件，使包括“内资企业”与外资企业在内的所有企业均在享有国民待遇的基础上进行平等的竞争。

第24章
“国学”与人性

中国的“国粹”是一种自上而下的高压文化，在这种文化中，除了皇权、秩序、规矩、服从等外，再也没有其他东西。

在心理学家看来，无论是今天的人类，还是历史上的人类，每个人都是一个被各种欲望主宰的动物。人的欲望和需求分成许多层次，当低级的欲望得到满足之后，必然促使人们追求新的欲望的满足。反之，如果人们长期被限制在低级的欲望和需求之上，这样的社会必然失去动力。人类社会的进步，最根本的是通过人性的解放和思想的进步体现出来。在西方思想家看来，国家是为了保持人类的自由才有存在的价值，马克思也认为，国家是一个不得不容忍的“恶”，国家必须保护人民的思想自由，思想自由才能促进社会的进化。在一些激进的思想家看来，如果国家成为人类自由的障碍，人民甚至有权力来推翻这个国家政府。但除了个别人，我们中国的思想家并不这么认为。

在儒家看来，一个社会要走上轨道，井然有序，首要的任务就是建立一种符合“礼”和“义”的社会，一个国家就是一个“家”，君臣关系是父子关系在政治领域的延续。为此，儒家提出“君君，臣臣，父父，子子”的原则，即君要像君，臣要像臣，父要像父，子要像子，“非礼勿视，非礼勿听，非礼勿言，非礼勿动”。

冯友兰说：“道家者流，盖出于隐者。”意思是说，道家门徒大多是那些不敢“面对惨淡的人生，正视淋漓的鲜血”的落魄失意而又自命清高之徒。在俗人或者说一般人看来，不怕被人所用，就怕自己没有用。在明哲保身的道家门徒看来，山间的杂草乱木没有任何价值，但它们却能保全自己，而那些有用的东西一样也保不住。“桂可食，故伐之；漆可用，故割之。”总之，人不能“有用”，否则，就会遭到厄运。无用之用最有价值，无用才是人生的最大追求。

不仅如此，在道家看来，仅仅达到“无用”这个层次还是远远不够的，因为在许多情况下，也会出现无用之才被拿去当有用东西来使用的情况。为了保全生命，避免伤害，道家鼓励人们逃离社会，遁迹山林，而“独与天地精神往来”，只有这样，才能不被人间种种污秽的东西所玷污，最终达到“远离世俗”“欲洁其身”的目的。

与西方的上帝一样，中国的皇帝被赋予一种至高无上的神秘性。只有皇权才是保持中国社会稳定性和种族延续性的基础。儒家提倡绝对的忠诚之道，强调对前辈和祖先无条件的忠诚，任何批评都是不允许的。

与英国思想家霍布斯一样，中国古代思想家墨翟认为，在国家这个怪物出现之前，人类是生活在一种极端野蛮的自然状态中。在这种状态下，人与禽兽无异，人对人如豺狼一样，“一人则一义，二人则二义，十人则十义”，人人都是各执己见，互相攻击，天下大乱成为社会的主旋律。国家的职责就是为了

“一同国之义”，消除社会混乱，而要达到这个目的，国家就必须是集权性质的，对国家的指令，国民是“理解了执行，不理解也必须无条件执行”。

要实现对国家和人民的绝对管制，中国古代思想家主张必须坚持两个原则：其一是坚决排除异己之见。一个国家之内，只能有一个“义”，不能容忍有多个标准，否则社会必然陷入混乱之中。其二是为了防止社会混乱，必须培养对领袖绝对的个人崇拜。是非标准，善恶依据，荣辱之分，完全由最高统治者来决定，对这些标准广大人民必须无条件执行。“上之所是，必皆是之；上之所非，必皆非之”，这句话听起来似曾相识，颇带有点当代版本的“两个凡是”的古怪味道！

第25章
“国学”与商品经济

19世纪的西方经济学家指出，经济已经取代了宗教和政治，而成为引领人类前进的核心动力和主导力量。在这种格局中，评价人类文明先进性的标准必然发生相应的变化。衡量一种文化先进与否以及先进性程度如何，主要取决于这种文化在多大程度上促进商业文明的发展。促进者，则具有先进性，反之，则不具有任何先进性。在考察文化与商业经济的关系时，必须首先明确这一点。

在马克思看来，现代资本主义是一个运行严密的系统工程。根据德国社会学家马克斯·韦伯的研究，现代资本主义之所以产生在西方社会，而不是产生在中国和其他东方社会，是因为中国和其他东方国家缺乏资本主义发展所需要的经济伦理，而作为西方文化渊源的基督教文化，则蕴含着为现代资本主义商业文明所需要的深厚的经济伦理。塑造资本主义世界的，不是西方独特的地理位置，也不是西方有什么杰出的政治家，更不是西方人种有什么特别的不寻常之处，其核心则是西方所独有的基督教文化。

在《圣经》的每一页上，世间的男女每天都在犯罪。在基督教教义看来，人类是一个十恶不赦的动物群体，要避免受到惩罚，作为基督教教徒必须在精神上绝对忠于基督，只有无条件忠于基督，才能获得救赎。在世俗世界中，要鄙视财富，但作为每个有罪的个体，必须以宗教般的热忱去创造财富，并厉行节约，杜绝任何挥霍财富的罪恶行为，只有这样才能获得上帝的赦免。

基督教鼓励其子民忍受苦难，以创造人间的辉煌。基督教鼓励其子民要有一种做天下“万王之王，万主之主”的宏伟理想，必须有一种把全世界纳入基督天下的雄心壮志。为了达到这个目的，可以不择手段，即使采用刀和剑去击杀敌国、去征服全世界也无可厚非。

按照费尔巴哈的观点，西方世界对上帝和基督的无限崇拜，实质上是西方民族本质性的自我崇拜。《圣经》中的基督就是西方民族自身，因此，《圣经》本身也是西方民族进行自我拯救的实用手册。基督教所宣传的文化正好与现代商业文明所需要的经济伦理，如狂热的创业精神、资本的自由流动及信用至上等不谋而合。

相比之下，中国和东方世界的人民则没那么幸运，我们的文化却在抗拒现代商业文明和现代民主等方面显示出惊人的“优秀”之处。[①]

中国的许多文人学士，与早期西方的文人一样，迂腐寒酸。贫穷而孤慢的叔本华和尼采认为，获取财富特别容易，不需要有多大本事，只要保持平庸和无能就可以。中国的文人学士也是如此，出于一种虚夸的自尊，他们必然鄙视商人，甚至在一定程度上把商人看成自己的敌人。

在中国的思想家看来，社会动荡的根本原因在于人们对各种“利”的追求。中国古代思想家把那种抽象的“义”与现实中的“利”截然对立起来，在他们看来，人类只有在共同遵守“义”的基础上建立起来的一种社会，才是理想的社会。图利者必然是对仁义与道德的背叛，“君子喻于义，小人喻于利”，正人君子应该远离世俗的各种名利之争。

中国传统思想鄙视商业而对农业有所偏好，并非因为古代思想家对农民有什么好感，而是在这些思想家的眼中，农民与商人相比前者，比较淳朴，比较愚昧，缺乏智慧，因而也比较容易管理和约束。保持人民的愚昧无知，是实现古代升平政治的前提和必要条件。

中国最早的思想家，不是官场上的失意之徒，就是孜孜以求要成为官场一员的“范进”之类的人。例如，中国最著名的思想家孔子，其祖先就是商朝贵族的后裔，他只是因为政治动乱才沦落民间而成为落魄的文人。他们一方面在享受农民们提供的美食，却抨击农民愚昧无知；另一方面鄙视商人诡计多端，却在心安理得地享受商人提供的各种享受。中国的古代文化与现代商业所需要的商业精神背道而驰。著名作家南怀瑾说过：“商人是那些具有特殊智慧的人，而只有那些普通智商的人才会整天陶醉于书本之中。”可惜有这种远见的学者实在是凤毛麟角。

---

①顾忠华. 韦伯学说(下)[M]. 桂林：广西师范大学出版社，2004.

第26章
魔鬼的解放

古希腊科学家亚里士多德与英国学者斯宾塞同有一个奇怪的发现，即越是先进的种群，其进化程度越高，他们繁衍后代的数量就越少。这个奇怪的发现正好与自以为先进的西方人民生育能力越来越下降的情况不谋而合。

在西方人的心目中，“生殖旺盛”和“性欲过剩”是东方人的显著特征。西方人吃惊地发现，东方人具有一种非常强的生育能力，相比之下，或许是地处比较寒冷的地区，西方人的生育能力则明显不如东方人。

在这种情况下，西方人深深地意识到，如果西方人不能在作为人的个体内在能量的挖掘上有所作为，对西方而言将面临严重的种族危机。作为一种应对东方人的手段，西方人只有最大程度挖掘每个个体的内在能量，并进行有效的组织，才能与东方人抗衡。

16 世纪之前，与东方世界一样，西方国家人民长期生活在由一人、一族掌握国家统治权的政治生活之中。与东方世界不一样的，在公元前 6 世纪到公元前 4 世纪，西方人即在探索试验被后来人称为“城邦化”的新型生活方式，这种大多数东方人至今还不能理解，并被许多国家的政治家视为洪水猛兽一般的东西，成为西方人今天主流的政治生活形式。

正是这种新型的生活方式，改写了人类历史的新篇章，使西方人在与世界其他民族的博弈之中抢了一个头彩！

古代希腊人在公元前几个世纪，怎样发明了一种与20个世纪以后的人们所说的民主方式有异曲同工之妙的城邦制生活形式，实在是人间的一个谜团。

古希腊人实行的这种生活方式，是建立在这样三个“假设”的基础之上：

其一，人与上帝是平等的。希腊人即使在祈祷上帝保佑的时候，也是直直地站立着，而不是像东方人那样卑躬屈膝。在希腊人看来，人类与各种神灵来自于同一个祖先，他们共同拥有同一个母亲，并同等地从母亲那里获得生命与力量。

其二，人与人之间是平等的。在人间没有什么特殊的人比别人享有特殊的权利。

其三，人人享有共同管理国家的自由和权利。希腊人对东方人之间的鞠躬觉得特别不舒服。古代希腊人所探索的政治形式背后的真正含义是出于一种对作为每个个体的人的尊重，而这种尊重正是每个国民获得最自由发展的前提。在一个不把国民当人看的社会里，是不可能有人的发展的，因为人是构成国家实力最核心的构成要素。如果每个人都是被阉割的个体，国家自然也是一个徒具其表的空壳子。

希腊人反对对人的奴役。平等观念是西方文化中最有价值的东西，这也是西方之所以成为西方的最核心的原因之所在。在荷马看来，奴役和独裁是戕害灵魂的。专制是对人类灵魂的冒犯。因为，“假如奴役的日子降到一个人头上，宙斯便取走了他人生的一半的人性”[1]。在希腊人看来，人与神来自同一个祖先，共同拥有同一个母亲，因此，神与人都是平等地面对经常像蝗虫一样

①[英]基•托. 希腊人[M]. 上海：上海人民出版社，1998：4-5.

扑来的东方野蛮民族的进攻。在人口绝对数量上处于弱势的西方民族，日益意识到，如果采用如东方人一样的生活方式必然失败。对于这些人数处于弱势的民族，只有最大限度调动每个人的积极性，才能将这些能量最大限度地发挥出来。于是，封建的君主统治的形式被西方人彻底抛弃。英国人实行的制度虽然保留了封建君主的名分，但将其权力控制在了最小的范围之内。法国人比较干脆，直接将君主送上历史的断头台，而实行一种彻底的共和政治。

把国家的统治权分散到每个国民的手中，必然能起到一种激活每个人内在能量的效果。在这种政治生活之中，每个人都是充满无限活力的个体，每个人都是一个大写的“人”。也正因为在这种政治体制下，人的能量的发挥经常到了一种极限，而给社会的稳定造成一种失控的状态。

西方人知道，作为个体的每个人，都是如中国著名的小说《西游记》中所描写的孙悟空，只要一脱离紧箍咒的控制，必然闹得天翻地覆。为避免人类社会因自身内在的冲动而陷入崩溃，西方人必然会采取各种手段来对社会进行有效的管制和治理。

如笔者在别处所指出的那样，西方人向来是以一种玩世不恭的态度看待道德这个东西。在西方人的眼中，在放荡不羁的人类面前，来自人类内心深处的道德，对于约束人类的行为是极端脆弱的。在汹涌澎湃的人类欲望的冲动之下，道德的堤坝随时都有崩溃的危险。在西方社会中，道德与伦理都是一些毫无意义的空气震动而已，即使西方人口口声声自称是人类良知的代表，只有鬼才知道，西方人所说的良知到底是什么。作为一种选择，以基督教为代表的宗教和由各种判决、案例和诸多成文法律所组成的法律体系，如东方人所信奉的道德伦理一样，而成为西方人的主宰。

与中国和印度的宗教不同，基督教对西方社会和民众的统治，并不是建立在依靠人们对于基督教信条自觉自愿地遵守的基础之上，它与法律的管制一样，都是建立在“粗野的暴力”形式之上。尤其是在西方的中世纪，各种形式的宗教裁判所俨然就是国家正式的司法机关，有时候，其影响和威严则使那些严肃的国家机构都自惭形秽，相形见绌。基督教戒律与法律已经成为西方社会正常运转不可或缺的两块基石。

最大限度调动每个个体的能量，并能采用最后的控制措施，即暴力的手段进行科学高效的管理，这种制度结合商业上的扩张，使每个人都成为真正的人，于是爆发出无限的能量，造就了西方大国的辉煌。此乃西方世界崛起的根本原因。

当然，在西方社会发展之中也多次出现宗教失灵和法律失灵的例外。这种失灵一度给西方社会带来灭顶之灾，但其社会至今还处于这两种力量的支配之下。

比较起来，东方民族奉行的是一种专制主义的政治模式。在这种模式之下，神灵高居众生之上，君主占据权力宝座，而普通的人民则永远没有尊严、没有个人意志，因而也是十分懦弱的群氓。在这种政治之下，不管人民的数量有多大，或者说，即使人数再多，绵羊还是绵羊，奴才还是奴才，与数量再多的气泡串在一起还是一个零的道理没有什么两样。

西方人政治生活方式的彻底调整是西方大国崛起的根本原因。在任何社会之中，如何解决或者说以一种什么方式、什么态度解决人的问题，才是关键。人是纲，纲举才能目张。不解决人的问题，任何国家的崛起都是不可能的。

那些在后来世界舞台上呼风唤雨的大国，无不抓住“人的问题”这个关键。美国如此，俄罗斯如此，日本也是如此。日本之所以选择民权改革作为国家改革的突破口，原因即在于此。清朝与日本的差距，核心就是政治制度上的差距。

在东方的政治之中，道德担负着协调人与人之间关系的杠杆，从某种意义上讲，也是说明这种体制下大多数人不成为人，甚至根本谈不上成为“政治动物”的可能性。

民主是一种组织手段，是一种最大限度调动人的内在活力与积极性的最好手段。它可以最大限度激发人的可能性。中国面临的环境非常严峻，除了“师夷长技以制夷”以外，实在没有别的更加高明的手段，“无他技止此耳”。西方人没有什么别的绝招，使用的是最简单的数学法则。

毛泽东曾经说过：“人民，只有人民，才是创造世界历史的动力”。中国的崛起，除了依靠每个中国人能量的极大发挥以外，实在没有别的途径！

同样，美国的著名学者戴维·S.兰德斯也说过类似的话，即：“只有那些创造力多元化、创造力首先是来自下面而非上面的社会，才能着眼于不断增加整个社会的财富[①]。”

西方的人一度是自由的，也数度被套进枷锁之中，但当别的民族一个又一个被放进瓶子里去的时候，西方人终究被彻底放了出来，而成为世界竞争的胜者！胜者一旦被彻底解放出来，就再也回不到那瓶子里去了。从此，世界变成了胜者的天堂。

---

①[美]戴维·S.兰德斯.国富国穷[M].北京:新华出版社,2001:43.

第27章 论司法权威

1831年，法国贵族阿列克西·德·托克维尔访问美国之后写道：“如果人们问我美国贵族在什么地方，我会毫不犹豫地回答，贵族就在法院和律师界，在美国发生的政治问题，或早或晚，很少不会变成司法问题的。”一个世纪以后，英国工党人士哈乐德·拉斯基也说：“联邦法院尤其是最高法院受到的尊敬远远超过他们对美国生活施加的影响。”美国并不能代表所有西方国家，而且，粗线条的美国式宪政制度竟然适应了美国200余年的发展，使美国由13个殖民地组成的松散联合体发展成为一个超级大国，连新加坡的李光耀都感到大惑不解。

但上面两位人士的话却让我们想到这样的事实，所有法制国家有一个共同点，即：在这些国家中，法院被视为与立法机关、国家政府平起平坐的部门。在某些情况下，法院更拥有至高无上的权威性，法官被尊为法律之官，法院被视为神圣的殿堂。

中国司法机关的权威性直接关系到中国共产党和中国国民意志，即法律的实现程度。树立极高的司法权威是社会主义依法治国的内在要求。社会矛盾固然可通过多种渠道得到解决，但以法院为主体的国家司法机关无疑是解决社会矛盾最有效也是最后的解决场所。中国目前的司法权威已经出现了刻不容缓、亟待解决的问题，主要表现是：

其一，不少群众对司法判决持一种怀疑或者不信任的态度。人们打赢了官司，只是认为关系到了位，金钱送到了点子上；人们打输了官司，只是认为关系没有到位，投资不足。

其二，法院判决得不到应有的尊重。人民法院审而不判，尚给人们一点希望，判决了而得不到执行则使人们绝望。全国法院全力以赴狠抓了执行工作，但目前全国仍然有几百万件判决未得到执行。许多地方的行政部门以种种理由干预人民法院判决的执行。几百万件未执行判决成了法院代表国家开出的几百万张法律空头支票，严重影响了人民对于司法机关的信任。通过对各种执行难案件的分析发现，各级行政机关对司法活动的无理干涉是造成司法权威低下的根本原因。

其三，司法机关的独立地位得不到尊重。许多地方把司法机关看成是地方党委与政府的一个部门，让人民法院承担了许多不该有的行政职能，如法院必须参加地方的各项工作，使法院不像法院，机关不像机关。稍有不从，法院就会受到各种指责和刁难。

其四，司法人员的人身安全得不到应有的保护。在执行公务中，许多法院人员经常受到围攻，一些当事人不能正确对待法院的判决，把报复的矛头指向法院人员。据不完全统计，仅最近五年，全国就有几十位法官在执行职务中遇害。

第28章 造就理性的“平等”

人类最缺乏什么，便最需要什么。在中国一次又一次的革命中，追求人与人之间的平等成为导致革命增温加热的极富有煽动性的口号。

平等是促进社会进步的动力，而建立一种可被人们接受的不平等，对于社会的发展与进步具有同等重要的意义。一个尊重平等的社会，应该重视不同的个人之间在气质上和智力上的差别，也应该忽视或者轻视在不同社会群体的人们之间所表现出来的经济和社会差别。或者说，社会所有成员在精神上都是平等的，那种基于家庭、身份、财富等天生的不平等而产生的不平等是不应被接受的不平等，而那种基于个人智力和道德素质上的不平等则是可以接受的不平等。社会不仅不应扼杀与消除这种不平等，而且应该鼓励人们做智力上与道德素质上的优胜者。

当今中国，英雄辈出，人才济济，但许多道德高尚之士，才智超人之辈，其经济与个人生活不一定理想。于是在中国人的眼中，所谓英雄便是那些道德高尚而生活上极其可怜的人。在人类道德追求日益世俗化的今天，让那些道德高尚、才智超人者在政治上、经济上也享有与之相应的待遇，对于塑造一种健康的社会文化心理大有裨益。这样一来，那种“好人活不长，坏人享千年”的畸形社会状况将会有所改观。

“官本位”是华夏文化的重要特征。声名显赫、一言九鼎的政治家们应该是那些道德与才智上均高于一般人的人，鸡鸣狗盗之徒、尔虞我诈之辈，与政治家不应画上等号。国家应该是人类良知与公序良俗的维护神，万万不可堕落为特殊利益集团的代表者和发言人。

第29章
托克维尔何以预见美国的繁荣与强大

阿列克西·德·托克维尔（1805—1859年），是法国著名的政治家、杰作《论美国民主》的作者。19世纪30年代，托克维尔曾经到美国进行了广泛的旅行，正是这次旅行促使他做出这样的预言，即美国将“变成世界上最伟大的国家之一”，美国将成为“世界各国中最繁荣但也是最稳定的”国家。通过认真研究托克维尔的著作，我们不难发现，他正是基于如下几点理由而得出自己的结论的：

其一，高度的民主。在托克维尔看来，“民主时代的人必须自由，才能获得他们长期以来不断追求的物质生活享受”。如果将此话转换过来就是，民主促进人们的解放，自由将最大限度促进社会生产力的发展。没有民主，没有自由，就不可能有社会的全面进步。在托克维尔的眼中，美国人享受着“真正的自由”“主权”“各种各样的平等”和“受担保的私人财产”。

其二，企业家精神。在托克维尔的眼中，每个美国人都是企业家，他们“有追求繁荣的激情……”，他们是“燃烧着激情欲望、积极进取、勇于冒险的人”，“最重要的是，他们是一个创新者”。“在美国，我从未遇到一个公民过于贫穷，以至于不对富人的快乐报以希望和嫉妒的一瞥的程度。”

其三，体面而适度的唯物主义。托克维尔认为，美国人“对物质享受的热爱从未使民主的人民走得过远”，大多数美国人并不想去建大宫殿，“人们所希望的，只是多购几亩良田、种植果园、扩大住房面积、使生活更容易更舒适”。①

第30章
论认知的升华构成文明

文明的基本素材是由特定区域的人群的价值认知所创造的。亨廷顿说，人们是根据自己的祖先、宗教、语言、历史、价值、习俗和制度来认识自己的，

①[美]马克·思考森.现代经济学的历程[M].长春:长春出版社,2006:58-59.

他们使用政治不仅仅是为了提高自己的利益，也是为了界定自己的认同。只有我们知道自己不是谁的时候，并且通常当我们知道我们在反对谁的时候，我们才能知道我们是谁。[①]这种认知的不同构成了不同的文明，欧洲文明、印度文明、中国文明因此而产生。

由于不同的文明代表着不同的价值认知，因此，各个文明之间必然存在矛盾。在西方文明看来，在世界诸文明之中，唯有西方文明是向前走的文明，唯有西方文明才能代表人类发展的正确方向，而把东方文明说成是陈腐的文明。而东方文明则把西方文明称为野蛮世界的代表。于是，每一种文明，即使是那些臭名昭著的诸如纳粹所代表的文明，都是把那些与自己不同的文明斥之为野蛮，而把自己奉为所谓文明世界的代表。正是这种势不两立的认知，引发了各个不同文明之间的尖锐冲突。打压、挖苦、妖魔化便成为各个不同文明之间的基本格局。各种形式的战争，多少便是因此而产生。这也就是说，人类生活中的硬冲突大多是由人类之间的软冲突所决定的。

---

①[英]马克·B.索尔特.国际关系中的野蛮与文明[M].北京:新华出版社,2004:11.

第31章
地理环境与民族性格

越来越多的科学发现表明，在影响人类的性格与智商的诸要素中，基因起着决定性作用。大多数人赞同这样的结论：人的基因影响着人类本性的70%，其他因素综合起来影响的比例为30%。而在锻造人类基因的诸要素中，地理环境则起着举足轻重的作用。正因为这个缘故，我们就必须把地理环境放到一个重要的位置来进行研究。

所谓的地理环境，至少但不限于包含如下一些内容：一个民族在地球上所处的具体区域或位置，例如，这个国家是在海之滨，还是在大陆的中心地带；一个民族所处的地貌地形特征，具体包括这个地区的河流、湖泊、山脉、山岳特征；一个国家的经济形式，例如，这个国家是以农业为主要经济形式，还是以工业为主要经济形式。

地理环境对人类的影响，首先体现在它能为人类提供必不可少的能源。肥沃的土壤可为人类提供充足的粮食，苍茫的大海可为人类提供富含蛋白质的鱼类。更为关键的是，一个国家的地理位置从根本上决定着这个种族的基因，并进而也决定一个民族的性格，自然也决定一个国家的性格。

著名的人类学家弗朗兹·博厄斯就影响一个社会群体进步性与落后性的根本原因，提出如下一个观点："人类的历史证明，一个社会群体，其文化的进步性往往取决于它是否有机会吸取邻近社会群体的经验。一个社会群体所获得的种种发现可以传给其他社会群体；彼此之间的交流越多样化，相互学习的机会也就越多。大体上，文化最原始的部落也就是那些长期与世隔绝的部落，因而，它们不能从邻近部落所取得的文化成就中获得好处。"

第32章 一打宣言不如一个行动

毛泽东曾经说过："书斋中不能发展理论。"[①]非基于高尚目的的谩骂是一种不负责任的表现。辜鸿铭式的抱残守缺只会使人类丧失更多的机会。王国维式的自杀则是一种徒劳无益的举动。要解决人类所面临的问题，关键在于全人类的联合行动。马克思曾经说过："一打宣言也不如一个行动。"对于我们这个时代来说，关键不在于怎么说，而在于如何行动。

中国古典著作《中庸》说："凡事预则立，不预则废。"为挽救人类的灭

①陈晋. 毛泽东读书笔记解析(下册)[M]. 广州:广东人民出版社,1996:854.

亡，人类必须有所作为。凡是有利于解决人类问题的行为才是有用的，反之则是毫无价值的。一切以往的经验，一切以往的教条，纵使其体系是那么的恢弘与博大，其结构是那么的严谨与完整，都仅仅具有参考价值。过去有用的经验对于今天未必有用，过去无用的东西在今天未必就没有用。

总之，对于现今我们人类来说，我们的使命并不是追求“最大多数人的最大利益”，也不是为了探索和追求所谓的“真理”与“知识”，更不是如德国的哲学家费希特所鼓吹的那样，是为了最大限度实现人类的自由意志，而以此推动塑造我们的身体，并彻底征服改造这个愚昧而冥顽不化的世界。人类的责任没有那么崇高与伟大，而仅仅在于如何拯救自己，防止自己彻底走向灭亡，仅此而已。人类是否能够做到这一切，并不取决于人类简单的匹夫之勇，那种鸡鸣狗盗之类的雕虫小技也是无济于事的，它需要人类的大智慧。

人类的野心或许谁也无法改变，但是如果我们通过改变人类野心的方向，或许对于挽救人类于危难之际不无裨益。英国伟大的哲学家和科学家培根在其重要的著作《新工具》最精彩的段落中如此写道：“区分人类野心的三个不同种类或三个等级：第一种野心属于那些要在本国的内部扩张势力的人，这是一种卑下和堕落的野心。第二种野心属于那些努力将本国的势力和个人统治扩张到全人类的人，这种野心虽然有较多的尊严，却不乏贪婪。但是如果一个人力图在宇宙中确立和扩张人类的势力和统治，他的这种野心无疑比前两种更有益、更高尚。”①

人类需要进行联合，人类联合的目的不是别的，在这场联合中，各个民族、各个国家失去的可能是自己暂时的、局部的利益，但获得的则是全人类的

①[美]威尔·杜兰特.哲学简史[M]北京：中国友谊出版公司，2004：88.

生存与发展。笔者相信，天无绝人之路，对于人类，没有什么不可能！我们不怕做不到，就怕不敢想、不去想。我相信，我们人类一定能够凭借自己的聪明才智让生命永恒地延续下去！

在这里，正如在地狱的入口处一样，必须按照这样的要求行事："这里必须根绝一切犹豫；这里任何怯懦都无济于事。"①这也是作为每一个地球人最神圣的责任。

第33章 建立在沙滩之上的"友谊"

中国人混在日本人当中，极少有人能识别出来；同样，日本人混在中国人当中，也很难被识别出来。表面看来，中国人与日本人好像都是儒家文化的子孙，但是骨子里这两个民族却有着本质上的不同。

仅仅从两国的语言与文字习惯上就可见一斑。乌龟王八在我们中国人看来是骂人的话，但到了日本却成了长寿与尊严的象征。

中日两国是唯一通过国际条约的方式表示要"世世代代"友好下去的国家。但是很多人都认为，中日两国的友谊其实是建立在沙滩之上的。

①但丁.神曲·地狱篇(第三部)[M].北京:人民文学出版社,2002.

中日两国友好是因为两国各有所求，日本是第二次世界大战的战败国，它要重新崛起成长为与其经济实力相适应的政治大国，没有中国的配合是不可能的。中国是一个发展中国家，它需要自己的邻国给予经济上的支持，在亚洲，除了日本，别无选择。

长期以来，中日两国友谊是靠不稳定的个人关系来推动，日本方面有田中角荣、中曾根、竹下登、宫泽喜一等，中国方面有廖承志、周恩来、胡耀邦等人。如今，这些人有的已经作古，有的早已“退居二线”，对中日关系影响有限。

更有甚者，有的人迫于种种压力，也逐渐改变了自己原来的一些想法。中曾根不能说不是中国人民的朋友之一，但也正是这位中曾根先生，1985 年参拜靖国神社使中国与日本的国际关系倒退了一大步。如今，由老年人建立起来的中日友好关系也只能靠老年人来维持了。

笔者曾访问过这个岛国。在日本期间，笔者曾拜访过对中日友好做过重大贡献的日本前首相中曾根先生、竹下登先生、海部俊树先生、羽田孜先生及日本的最大在野党党魁小泽一郎先生，也到日本国会与 30 余名年轻国会议员进行过交流。

在一次次的活动中，笔者吃惊地发现，关于中日关系，日本存在这样四多四少现象：老年人谈中日关系的多，而年轻人谈中日关系的少；在野党谈中日关系的多，而执政党谈中日关系的少；泛泛而谈中日关系的多，而具体谈中日关系的少；企业界人士谈中日关系的多，而政治界人士谈中日关系的少。

在一次中日友好大合唱上，日方参加者几乎全是年逾花甲的老人，日方甚至请了一些在日本打工的中国人来凑数。人们不难看出，中日友好已经成了“夕阳产业”。

日本的许多人根本不愿与亚洲人为伍，“脱亚洲论”在日本极有市场。日本一些右翼人士称，日本人从未把中国人看作是可以世世代代友好的朋友，中国人也从未把日本人看作是可以世世代代友好的朋友。讲这些话可能别有用心，却也符合日本部分国民心理。

在绝大多数中国人看来，日本绝不是什么好国家。中国人对美国人不容易恨起来，而对日本人怎么也爱不起来。

在笔者看来，日本之所以有今天的发展，就是因为这个民族是一个善偷敢抢的民族。在善偷方面，日本的文字和思想是从中国和印度偷来的，日本人的科技与机器是从欧美偷去的。

在敢抢方面，大英帝国是在其他列强都没有注意的情况下占了世界上的许多地方，日本则敢在 19 世纪末 20 世纪初这个群雄崛起的年代把手伸向世界。

《中国青年报》与中国青少年发展基金会曾经在全国范围内进行了一次大型的社会问卷调查，题目是“中国青年对日本的认识”。当调查问到“提到日本，你最容易联想到什么”这个问题时，81.3%的被调查者在可供选择的答案，即：敬业精神、团结、富于创造性、残忍中，选择了“残忍”这个答案，其中又有 40.7%的人立即联想到日本的头号战犯东条英机。

根据这次调查的组织者介绍，参加这次调查的青年人平均年龄只有 25.2 岁，这些人根本就没有经历过 60 年前那场残酷的战争，而且绝大多数人都是中日实现邦交正常化之后出生的。更令人深思的是，在这些被调查者之中，有 52.7%的人家中正在用着日本人生产的家用电器。

关于日本，中国的青少年们首先想到的不是日本高度发达的工商业，不是象征日本的樱花与富士山，不是美丽多情的山口百惠和她优美的歌声，而是让中国青少年极度反感的“残忍”。看来这绝不是一种巧合，而是真实地代表了中国青年对于日本这个民族的看法。

日本人的残忍性从他们的饮食习惯中可见一斑。日本人爱好吃鱼，而且日本人最讨厌吃那些气不喘、心不跳的死鱼，他们恨不得将鱼从河中抓上来，用刀子活活将鱼的肚子剖开，去掉肝脏、肠子之类的东西，然后将其剁成生鱼片而生生地吃掉才过瘾。

根据一些历史学家的考证，日本武士道阶层中的剖腹自杀的习惯就与日本人的吃鱼习惯不无关系。在许多日本人看来，大和民族以外的人都是那些随时可从日本周围的海水里捞上来的鱼，日本人愿意吃哪一条就吃哪一条。

1990 年 5 月，新加坡总理李光耀访问德国（西德），他在接受《国际先驱论坛报》记者采访时就日本的国际形象指出："逐步削减在亚洲的美国驻军并不是好事，因为亚洲国家不愿看到美国撤走后日本来填补这个真空，对亚洲各国来说，便成为问题。"

究其原因，李光耀解释说："因为日本与西德不同，日本对过去战争的教育很不彻底，日本似乎在再次变成一个'不受欢迎'的国家。"无独有偶，就连西德总理密特朗也认为："日本似乎在亚洲处于孤立的状态。不论亚洲哪个国家的领导人会面，他们谁也不把日本当作朋友。"

日本前驻华大使中江要介预感到，日中关系在今后 25 年内随时都有发生破裂的危险，他这样分析道：中国人"无法忘却我们无法与之比拟的仇恨，那正是他们深深怀着传及子孙的复仇心念。纵使自己的生命结束，地老天荒，此恨也不能终结。白乐天咏唐玄宗与杨贵妃的悲哀的著名的《长恨歌》最后一节：天长地久有时尽，此恨绵绵无绝期。在我看来，像是交织着他们对日本侵略战争的仇恨而涌上心头"。

中江氏是一位对中国人民抱有深深好感的日本友人，他绝非无病呻吟，更非空穴来风。

中日之间实现邦交正常化是在中日间的历史恩怨尚未得到彻底清算的情况下进行的，中国与日本之间存在的最大问题便是战争责任问题。日本蹂躏了数千万中国人民的人权，杀害了无数的中国人，这是中国人民永远不能也不应该忘记的事情。

第34章
日本人疯狂崛起的背后

中国与日本自古就存在着太多的冲突，中日之间不断发生矛盾已经成为家常便饭。相反，两个国家之间什么动静都没有却让人感觉到不正常。中国与日本之间，需要了结的问题太多，侵华历史处理问题、日本政客参拜靖国神社问题、美日安保协议问题、台湾问题、钓鱼岛归属问题、东海油气的开发问题，不一而足，不胜枚举。

每遇到中国与日本之间发生冲突，中国民众本能的反应不是“抵制日货”，就是意图组织一些所谓“保钓联合会”之类的组织。其实，这些都是毫无意义的空气震动，没有什么价值。即使日本因为要中国同意其成为联合国常任理事国不得不做些让步，但从本质上看，日本还是日本，日本国的天皇和大臣们依旧可以参拜靖国神社，而且中国越反对，他们就越是要去参拜；日本照样按照自己的历史教科书进行教育，并把其中的观点灌输给自己的国民；日本照样为占领中国的钓鱼岛而做各种各样的准备；同样，日本人也不会因所谓的历史问题给中国人道歉。

凡存在皆有其理由，日本之所以敢于如此放肆和傲慢，说到底，是因为日本人根本不把中国人放在眼中。在日本人的眼中，中国徒有其地理大国的虚名，中国除了一副臃肿的外表和虚华的名声之外，实在没有什么值得炫耀的地方。中国如果达到美国那样的发达程度，纵使日本人有老虎般的胆量，也会乖乖地听命于中国。对于中国人来说，与其为了追求一些面子上的虚荣去做一些徒劳无益的事情，不如好好地从日本人的发迹之中，寻找到其之所以狂傲的原因。

就历史与文明之悠久，日本不能与印度相提并论；就文化之凝重，日本不能与中国相比；即使与朝鲜半岛比较起来，日本也是一个十足的文化小国，是一个后来者，且显得相当浅薄。在历史上，曾经出现过日本人以作为中国人、朝鲜人，或者拥有中国人或者朝鲜人的血统而感到自豪的记载。根据美国历史学家罗兹·墨菲的考察，在公元 815 年编写的一份家谱记录中，超过 2/3 的日本贵族声称拥有象征荣耀的朝鲜或者中国家世。①

全球之中，笔者唯一去过的国家就是日本，说实话，笔者对日本人从来没有什么好感，但我最佩服的国家却是日本。就是这样一个文化肤浅的国家，如今却把中国甚至是欧洲的许多国家远远甩在后面。自 15 世纪以后，世界进入一个白色人种疯狂蹂躏其他有色人种的时代，尤其在 19 世纪下半叶，西方国家大举进攻亚洲，亚洲地区除了当时的暹罗（现在的泰国），喜马拉雅山地区的尼泊尔和不丹外，几乎没有独立的国家。清朝后期的中国，虽说是一个独立

①[美]罗兹·墨菲. 亚洲史[M]. 黄磷，译. 海口：海南出版社、三环出版社，2004：18.

的国家，但已经失去了一个独立国家应有的状态，而仅维持一个独立国家的门面。从中国南面的情况来看，中国被逼打开门户，让外国人堂而皇之地从事商业投机，并把香港割让给英国人。从北面的情况来看，原来中国的领土一直到达外兴安岭，而彼刻，从外兴安岭到黑龙江一带，包括现在的海参崴在内的沿海州，共计 160 多万平方千米的领土被俄罗斯抢走。印度、缅甸、越南、马来半岛、苏门答腊半岛、爪哇、文莱等国家则早已沦为西方帝国主义的殖民地。太平洋中的一些岛屿则被英国、法国、荷兰、德国和美国瓜分。可以说，自 15 世纪以后整个世界处于白种人的野蛮征服之下，在白人国家宛如割羊毛一样侵略世界的过程中，除了日本，没有一个国家在反抗西方白种人的斗争中取得胜利。而日本不仅保持了领土完整和国家的独立，甚至明目张胆地敢于向西方国家叫板。

就是这个日本，不仅把拥有当时世界上最强大的陆军、拥有仅次于当时最强大的大英帝国海军的俄罗斯赶出中国的东北地区，迫使俄罗斯后退，甚至敢于挑战世界头号强国美国，企图把美国赶出太平洋地区。如果不是美国在万般无奈之下动用原子弹，以数十万平民的生命作为血的代价摧毁了日本极端政府，第二次世界大战的结局到底如何还很难预料。日本的一些极端右翼学者把日本说成是一个“拯救东亚的军国日本”，意思是，如果没有日本，直到今天亚洲还屈服在欧洲列强的统治之下；如果没有日本，亚洲人或许会像美洲北部的印第安人和南部美洲的印加人、澳大利亚的塔斯马尼亚人一样，成为欧洲人和他们后代的奴隶，或成为被他们斩尽杀绝的对象。就是这个小小的日本，竟然远隔重洋，把自己的军队送到中国大地，并没有用多少力气就把中国军队赶出了东北和华北，并迫使当时的中国政府后退到西南地区。日本数次占领朝鲜，并于 1910 年 8 月强迫朝鲜国王发布《让国诏书》，迫使朝鲜李朝国王纯宗（1907—1910 年）放弃王位和独立国家地位，从此正式把朝鲜并入日本国土，把朝鲜人民折腾得死去活来。英籍学者小泉八云说日本一度“使东方的政治全变了颜色”①。英国历史学家H.G.韦尔斯说得更加直率并有点让我们中国人接受不了，他说：“属于亚洲民族复兴领导地位的国家，是日本而不是中国。”②

在全球的国际财富中，日本所拥有的比例仅次于美国，在世界著名的诺贝尔大奖中，日本人的表现也让西方人咂舌。对于这个“小日本”，连美国这样的国家都不得不奉为上宾。如今的日本，不仅在全球经济领域发挥着越来越大的作用，而且也在国际政治格局中发挥着举足轻重的作用。

日本人走出自己的文化怪圈，在很短的时间内完成了西方社会几百年走过的现代化的道路，其独特的方式与经验无疑是中国人最需要学习的。罗兹·墨菲说：“日本虽然较小，却有另一种引人入胜之处。”③日本的崛起是亚洲的奇迹，也是人类的奇迹。日本创造这种奇迹最核心的经验仰仗其对人类先进文明的极端敏感性。日本人总是能把最先进的国家与最先进的文化对手或者敌对国家作为自己学习和模仿的榜样，并迅速将这些宝贵的经验本土化为自己与敌对国家或者潜在对手进行搏斗的砝码。敢于接受、勇于放弃，便是日本人的不二经验。

与中国以及世界上许多国家一样，日本本质上也是一个极端迷信自己的国家。“日本人迷信他们的国家是世界上无比的国家，他们的皇室是世界无比的统治者，他们的民族是世界最优秀的‘神选民族’。”④在日本的历史上，也有过实行闭关锁国的漫长历史。1613年，日本的德川家康政府曾经下令全国禁

①[英]小泉八云.日本与日本人[M].海口:海南出版社,1994:4.

②[英]H.G.韦尔斯.世界史纲(下卷)[M].北京:北京燕山出版社,2004:753.

③同①

④戴季陶.日本论[M].北京:九州出版社,2005:6-7.

止传播天主教，并大肆镇压天主教信徒。1635 年，日本下令禁止日本船只和日本人出国，并不准已出国的人回国。这种闭关自守的锁国政策在日本持续了 200 多年，其间，日本只开放长崎同中国和荷兰进行有限的贸易。

但在与外界世界的接触之中，日本人却具有对任何美好事物的特殊的敏感性，即使在实施闭关锁国政策时也是如此，而这一点是其他民族难以媲美的。日本人深知那种诸如经常出现在中国政府官方文件中的“与时俱进”和古语“见贤思齐”的神奇妙用。“樱花”与“剑”是日本人心中的两个“最爱”，这也是对日本民族禀性的形象说明。

日本民族具有两个最显著的特征：一个崇尚暴力，嗜血如命。但凡强大的种族没有一个是安分的，迷信暴力、具有野蛮的攻击性似乎是其共性。对于一个本来就一无所有、非常弱小的民族来说，过分的拘谨和软弱只会导致其种族的灭亡，因此要想求得生存，并能够出人头地，必须具有崇尚武力的习性。古老日本有一个神秘的传说，在上古年代，日本荒岛之上住着一种“鬼”，这种“鬼”是最野蛮的原人，专门吃人肉、喝人血。从日本民族的实际表现来看，日本人似乎真的就是这种“鬼”的后代。这一点，无论在日本人穷兵黩武的实际生活中，还是在其带有明显血腥味的文学、艺术、雕塑作品中都能够反映出来。美国最有影响的艺术评论家和历史学家勃纳德·贝伦森先生在评论中国与西方艺术的区别时说：“我们欧洲人的艺术有着一个致命的、向着科学发展的趋向。而且每幅杰作几乎都有着让人无法忍受的、为瓜分利益而斗争的战场的印记。”①嗜好流血本来是西方文明区别于东方文明的不同之处，却成为本来就属于东方民族的日本人与西方人共同的特征。历史学家考察发现，日本人性格中少见的平和和对礼节的尊重，完全归功于中国儒家文化和印度佛教文化的教化，而其铁血本性则来自这个民族根深蒂固的神道思想。除非彻底摧毁这个民

①辜鸿铭.中国人的精神[M].桂林:广西师范大学出版社,2002:34.

族，彻底毁灭这个国家，否则是不可能改变日本人的本性的。

另一个就是日本人具有非常特殊的“学习能力”。日本人孤处资源匮乏、四面环海的一群岛屿之上，深知没有外来的东西，连基本的生存都难以保证。因此，这个民族在其封闭的表面之下，却有一个非常能吸纳其他民族优秀文化的心脏。一句话，日本民族虽然不容易创造出在世界上有独特影响力的文化，但在接受和借鉴、学习其他民族的文化方面却具有非常独特的优势。

日本人出于一种生存的本能，对周围国家都持有一种敌意。日本民族也很理性化，敌意归敌意，但只要对日本民族有利的东西都是来者不拒，多多益善，而不管是赚钱和种植粮食的技巧，还是治国的经验，或是训练民众的方法。

在闭关锁国期间，日本的知识界即把荷兰作为自己学习的榜样，通过荷兰语来学习西方的自然科学、医学、军事、政治、经济、地理、历史，兰学的兴起就是一个例子。在那个时候，日本就已经形成了向西方学习、改革日本政治制度的一种风气。日本曾经先后把五个国家作为自己的榜样，最早的是朝鲜，其次是中国，第三是德国，第四是英国，现在就是今天的美国。

当日本人发现自己的邻国朝鲜的文化对于自己的发展具有重要价值时，就无条件地向朝鲜靠近，正是借助朝鲜文化的支撑，日本人才发明了自己的语言。至今，日本的语言还深深地打着朝鲜语的烙印。

泰戈尔曾经如此盛赞日本人的奇特秉性：“日本，这个古代东方之子，无所畏惧地为它自己要求一切现代的礼物①。”当日本人被中国唐朝璀璨文化的魅力所征服时，立即一见倾心，派遣大量的遣唐使来中国学习。为了学习美国的先进文化，日本人派出无数技术人员潜入美国工厂学习美国人的先进管理经验。民国期间的著名学者戴季陶随孙中山先生多次考察日本后发现：“日本人

①[印]泰戈尔.民族主义[M].北京:商务印书馆,1982:28.

研究中国精细深刻，不遗余力，‘中国’这个题目，日本人不知放在解剖台上解剖了几千百次，装在试验管里化验了几千百次。”[①]

日本明治维新以后，日本人被西方无坚不摧的洋枪洋炮、奇妙的电报电话、一日千里的火车以及高效率的纺织机械所震惊，他们“始惊、次醉、终狂”。他们本能地意识到“不能和西方竞争简直就是灭亡；可是要和西方竞争，我们就必须跟随西方的方法；而这些方法却都是与旧道德绝对相反的”[②]。他们于是就改弦易辙，无条件学习西方的文化，无条件地融入西方现代文明社会。日本人请来了外国人，改革了日本的司法、教育、文化制度，使日本国家为之一新[③]。日本以西方文化为核心强制性地改造自己的社会结构，并采取去日本化和脱离亚洲的行为模式，就是日本人最成功的秘诀之一[④]。

第二次世界大战中，美国人在日本的广岛和长崎投下了两颗原子弹，虽然对无数无辜的百姓造成了伤害，却让日本军国主义政府从病态而粗暴的疯狂中清醒过来，最终日本不得不接受战败国的屈辱地位。对于战败的原因，日本人并不看重道义瑕疵的影响，相反，日本人却从自身的不发达中挖掘失败的根源。科学技术水准已领先于世界的日本竟然认为“日本失败的原因仅仅在于产业和科学落后，以及没有原子弹”[⑤]。

基于如此“清醒”的认识，日本天皇、政府与日本国民在不得不接受屈辱的战败国地位的同时，也把接受美国这个世界头号大国的占领看成是一个继续吸收外来先进科学技术和文化的千载难逢的机会。他们不仅不反对美国强加的

①戴季陶. 日本论[M]. 北京：九州出版社，2005：3.

②[英]小泉八云. 日本与日本人[M]. 海口：海南出版社，1994：68.

③[日]历史研究委员会编. 大东亚战争的总结[M]. 北京：新华出版社，1997：18.

④李培林. 重新崛起的日本[M]. 北京：中信出版社，2004：38–39.

⑤[日]历史研究委员会编. 大东亚战争的总结[M]. 北京：新华出版社，1997：413.

改革，反而以一种平静的心态和疯狂的精神积极配合美国的占领，严禁日本人与美国人发生冲突，并对各种积极的或者消极的抵抗行为进行弹压。通过与美国的“亲密接触”，开始了新一轮无条件学习西方最先进科学技术和政治文化的历史进程。

政治上，日本与中国和其他东方国家不同，他们并没有死死抱着过时的天皇制度不放，而是通过宪法改革，将美国的普选制政治、议会制民主引入日本，使日本逐渐脱离了以天皇为政治核心的半封建主义政治制度，而与时俱进地建立了一种以国会为最高权力机关和立法机构的现代民主政治制度，从而促进了日本政治的全面文明化和现代化。可以说，从政治进化的实际效果来看，日本在短短的几十年时间走过了西方国家400年走过的历程。

经济上，日本通过战胜国美国的“帮助”，彻底打破了第二次世界大战前在日本经济体系中占据垄断地位而阻碍日本经济发展的家族式财阀体系，改变了长期主导日本经济的政治经济一元化结构，把符合国际潮流的现代自由企业制度引入日本，实现日本企业的公司化和股份化改造，并推动了日本农副产品和工业产品的价格自由化改革。第二次世界大战后的日本，虽然其保守的国家结构被摧毁，但日本获得了接受西方最发达国家改造的机会。美国人虽然在占领和改造日本的进程中获得了一种从未有过的快感，同时也几乎用一种砸开日本人脑壳子的办法，或类似于给日本人本来就贪得无厌的胃做了一次人工的扩容手术，并把当时最先进的文化成果硬给塞了进去。对日本既是一次痛苦的文化洗礼，也是一次高层次的自我提升。

英国是世界上最了解日本的国家。在英国人的眼中，日本才是最了不起的国家。当日本的明治天皇逝世的那一天，英国的《泰晤士报》发表了无限惋惜的哀悼性文章。文章说，日本国运自从这位大帝的经营以后已经达到富士山的顶部。但事实是日本并没有在明治之后走向下坡路，他们依然如以前一般像海绵吸水一样汲取其他文明的精华。也正因为日本具有如此奇特的禀性，日本被许多学者视为21世纪唯一最具有世界性力量的国家，21世纪将是“日本世纪”，连美国都无法与之相比。[①]

不断地超越自己，不断地超越历史，是所有国家实现民族崛起的不二经验。土耳其是一个地理上国土97%属于亚洲的典型亚洲国家，其国父凯末尔在推翻奥斯曼帝国以后，便把摆脱伊斯兰传统的影响、建立一个欧洲化的土耳其作为目标，虽然他历经无数艰险，但最终把土耳其引入现代国家的行列。如今，土耳其成为欧盟的候选国成员，便是这种努力与奋斗的结果。[②]深受马克思赏识的当年俄罗斯彼得大帝，为实现一个欧洲化俄罗斯的目标，把俄罗斯的首都迁移到离欧洲很近的地方，以便学习欧洲的文明，而最终把俄罗斯从黑暗的中世纪带入资本主义的阳光地带。[③]

美国人从文化上直接来源于欧洲文化，与英国文化更是具有一种特殊的血缘关系。经过两次世界大战以后，欧洲社会彻底失去了当年资本主义崛起时期的朝气，而进入一个暮气沉沉的老年化时代，在处理当今世界问题时，欧洲人除了喋喋不休地呼吁以国际的、和平的、双边的、友好的手段来解决国际问题外，已经失去了文化上的创新本能。但美国则不仅超越了英国，也超越了欧洲和西方的其他国家，继续保持当年资本主义的雄姿，在全世界范围内开疆拓土。目睹美国人的执着，在1947年英国人就已经无奈地预言美国将很快“从我们发抖的手中夺过世界领导者的火炬。”[④]不久这个预言就成为现实，如今的美国不再是欧洲列强的小兄弟，而成长为今天欧洲安全和领

①何新.中华复兴与世界未来(上)[M].成都:四川人民出版社,1996:1–2.

②[美]卡罗琳·麦茜特.自然之死[M].吴国盛,译.长春:吉林人民出版社,1999:183.

③张建华.红色风暴的起源——彼得大帝和他的帝国[M].北京:中国城市出版社,2002.

④[美]罗伯特·卡根.天堂与实力[M].北京:新华出版社,2004:25.

土的“保护神”，相反欧洲倒成为美国的小朋友，随时听候美国的调遣和安排。欧洲文明的迂腐是欧洲文明难以超越自身的结果，同样，美国的今天也是美国不断超越西方文明的结果。

日本民族经历了一个由极端否定自己而走向极端肯定自己的过程。只有不断地否定自己，才能最终实现对自己的肯定。中国人一直认为自己所拥有的文化是世界上最魅力无穷的文化。如果一味地肯定自己，最终不得不走向对自己的彻底否定。

陶醉于古旧文化当然是一件令人赏心悦目的事情，但我们必须清醒地看到，如今社会是一个以欧美文明为核心标准的社会，西方文明是当今世界唯一的尺度，这也是西方为此自鸣得意的地方。美国历史学家海斯、穆恩、韦兰在其编写的《世界史》中以一种极端傲慢的口吻吹嘘道：“从伯利克里和恺撒的时代直到现在，历史的伟大戏剧中的主角，都是由欧洲的白种人担任的。”在这些狂傲的欧洲人的眼中，欧洲文明不仅是世界历史的主角，而且是世界文明的摇篮和进步的源泉。他们甚至还发出这样让亚洲人气得发疯的感慨：“要引导千百万的陌生人走上欧洲文明和进步的道路，是一个负担，而且是一个沉重的负担。”①从主观上，每一个有自尊心的东方人都会感觉到极大的侮辱，但从客观上，谁又能否定得了这个事实呢？

①[美]海斯，等. 世界史（下册）[M]. 北京：生活·读书·新知三联书店，1975：1059-1060.

第35章 做一只无害的青蛙

最近在社会上流行这样一本书，名字叫《适应者死亡》。书中有句话确实说得非常好：是人适应社会，而不是社会适应人，但一旦人完全适应了社会，也就不可能进步了。这句话深刻得很！我现在很后悔，为什么当时没把那本书买下来。

英国戏剧家萧伯纳认为，社会进步的最大动因在于“背道者”。他说顺从者能够适应现实，应付自己所遇到的事情，而背道者却梦想一个不同的、更美好的世界，并试图改造这个世界使之适合更远大的目标和更伟大的理想。这种对现实世界的不满足或背道常常是一个人发展的第一步，对于一个国家、一个民族的发展来说也是如此。

中国历史上不乏这样的背道者，从秦皇汉武到近现代的孙中山、毛泽东、邓小平，他们都在某个特定时期，被当时的许多人看成是不识时务、好高骛远的背道者和理想主义者。

然而，也正是这些背道者，凭借他们超越时空的理念，采用各不相同的方式改造了我们这个古老而年轻的中国。没有这些背道者坚持不懈的助推，我们的民族不可能走得这么远。

一位普通的瑞典老人讲过这样一段话："我们从30年代的贫穷到70年代的富足，最大的变化就是换了一双眼睛，换了一个脑子，换了40年，换完了，也就富起来了。"是的，这位瑞典老人宣传的绝不是什么童话，更不是什么迷信。

枪杆子里面出政权，观念更新出未来。设计未来，归根结底是对人类心灵的改造。

1972年2月21日，美国国务卿基辛格访问中国拜会毛泽东时，盛赞毛泽东的文章震撼全国，改变了世界。毛泽东说："我没能力改变世界，我能改变的只是北京附近几个地方。"毛泽东这样的伟人尚且如此，我们这些平常人又能怎样？

胡乔木在1982年写的一首诗里有这样一句话："羡慕我的，赠给我鲜花；厌恶我的，扔给我青蛙。"

我已经说了这么多，我已经不在乎别人赠给我或者扔给我什么。在我看来，鲜花固然令人心旷神怡，但青蛙同样是可怜可爱的小动物。

众所周知，青蛙的特点是能量不大嗓门大，但它毕竟是个无害的生命！

第36章
列强必争之地乃造就列强之地

并非任何地方都可以产生一个世界帝国，相反，在什么地方创造出一个世界性的国家却是具有内在的必然性。

在造就天下列强的若干要素之中，拥有得天独厚的地理位置，显然是一个极端重要的因素，以至于西方的思想家亚当·斯密和孟德斯鸠等人把地理位置看成是第一位的因素。

并不是什么地方都可以产生世界性国家，相反，在什么地方出现一个世界性国家，具有极大的必然性。

要么拥有极端丰富的资源，要么可以控制具有获取资源的极大的便利渠道。一个国家如果没有能力保护自己所拥有的资源，不如一贫如洗，否则，这些资源只能成为引狼入室的诱饵而给自己带来灭顶之灾。古老的印第安人、今天的阿拉伯人就是如此。

最容易向别人学习的地方也是最容易被别人学习的地方。西方人类学家弗朗兹·博亚兹告诉我们说："一个社会集团，其文化的进步往往取决于它是否有机会吸取邻近社会集团的经验。一个社会集团所取得的种种发现可以传给其他社会集团；彼此之间的交流越多样化，相互学习的机会也就越多。大体上，文化最原始的部落也就是那些长期与世隔绝的部落，因而，它们不能从邻近部落所取得的文化成就中获得好处①。”一个国家、一个民族，如果想要成为人类中的强者，必须要有充足的机会和渠道去学习、借鉴别的国家和民族的成功经验。

最适宜攻击别人的地方也是最容易遭到别人攻击的地方。只有那些经常遭受别的国家攻击的国家和民族，才可能以一颗充满警惕的灵魂应对外部世界的挑战，也只有这些国家才可能成为真正的强者；相反，那些位于进可攻、退可守的国家往往成为最终的灭亡者。

总之，列强必争之地就是造就列强最好的地方。

第37章

罗马帝国衰落的原因到底是什么

在公元2世纪左右，也就是在罗马帝国的两位安东尼皇帝——皮乌斯和奥勒留统治下，这时候的罗马帝国达到其鼎盛时期，“据有地球上最富饶美好的

①[美]斯塔夫里阿诺斯.全球通史——1500年以前的世界[M].上海:上海社会科学院出版社,1992:57.

区域，掌握人类最进步发达的文明。自古以来声名不坠而且纪律严明的勇士，防卫着辽阔的边界。法律和习俗温和却能发挥巨大的影响力，逐渐将行省融合成一体。享受太平岁月的居民，尽情挥霍先人遗留的财富和荣光”①。

就是这样一个如此辉煌的罗马帝国，却在哥特人的进攻下于公元476年突然灭亡。罗马帝国的灭亡，可能是人类历史上最壮观、最惊人的一幕之一。对其原因，古今中外的学者历来存在不同的看法。英国著名历史学家吉本在其名著《罗马帝国衰亡史》中对其灭亡的原因进行了深入研究。吉本将罗马帝国灭亡的原因归结为基督教的兴起和蛮族的大举入侵。

但在笔者看来，罗马帝国灭亡的原因归根结底在于罗马帝国于屋大维统治后期建立起来的专制制度。这一套制度表面上维持共和的形式，而实质上罗马帝国的权力完全掌控在罗马皇帝的手中。奥古斯都彻底摧毁了罗马的共和政体，摧残平民势力，最终导致原来罗马体制中脆弱的制衡力量荡然无存。“罗马的敌人在其内部：暴君与军人。”吉本偶尔写就的这句话，或许就是对罗马帝国衰落最好的诠释吧！

罗马帝国的灭亡从反面验证了笔者反复提出的一个观点：一个国家要想成为一个真正的大国，必须确保其最大多数国民最大限度的解放，并最大限度将这种解放所释放的能量应用于国家的政治、经济、科学、军事的进化活动之中。反之，与此背道而驰者必然走向衰落。

①[英]爱德华·吉本.罗马帝国衰亡史[M].席代岳，译.长春:吉林出版集团有限责任公司，2008:9.

第38章
必须无条件实现核武器归零

笔者提出彻底地、无条件且迅速地废除核武器的理由很简单。

一是因为核武器具有足以将整个人类社区予以彻底摧毁的无限破坏力。美国的诗人赫尔曼·海泽顿曾经以诗人的语言对核武器做了这样的描写："这个炸弹是如此可怕，威力如此巨大，人世间任何语言都不能将它描述。这个世界尽管如此坚实，但在它面前，刹那间就会变成一块稀泥。"①

古老西方预言中那种说"瘟疫"一旦来临，人类"眼睛烧得由头颅里突出来，毛发脱离人体"等，不过就是对核武器肆虐人间造成惨相的活脱脱的验证。根据权威资料统计，仅美国所储存的核武器就足以把人类居住的地球至少摧毁100次以上。也正是因为核武器，才使得今天的我们成为"第一代可以迅速地彻底地摧毁人类文明的人类"②。

二是只要人类一天拥有核武器，就存在随时把核武器投放战场用于自相残

①肯尼斯·加尔布雷斯.核击日本[M].王宏林，译.北京：京华出版社，2004：231.

②[美]罗·麦克纳马拉，等.历史的教训：美国国家安全战略建言书[M].张立平，译.北京：世界知识出版社，2005：171.

杀的可能。恰如美国前总统里根所形容的那样，即“没有人能‘赢’得战争。可是，只要核武器存在，就永远有被人使用的危险；一旦发出第一个核武器，谁知道会有什么结果?”①

基于以上两个不容反驳的原因，对核武器，我们人类必须坚持无条件予以全部废除的态度，这没什么可以讨价还价的，任何侥幸心理都是对人类的犯罪。

第39章 世界政府是一种什么东西

英国历史学家阿诺德·汤因比在其《历史研究》中如此写道：“人类无疑正在走向自我毁灭，除非我们能成功地形成天下如一家的状态”。此话绝对不假，这可能是目前人类拯救自己于灭亡境地的唯一选择。

人，包括各种层次、各种类型的人的组合团体，其本能无不追求绝对的独立。不到万不得已，绝不会与别人进行联合。外力之威胁与打压，往往是促使或强迫人类社会某一特定之群落逐步走向联合和统一的关键因素。一般而言，

①[美]亨利·基辛格.大外交[M].顾淑馨、林添贵，译.海口：海南出版社，1998：755.

人类实现某种联合的程度与广度，与其所受到外力的强度成正比。

1453 年，奥斯曼土耳其人占领君士坦丁堡并最终继承拜占庭帝国，而把自己凶悍的爪子伸向西方各基督教国家。在此威胁面前，西方基督教世界呈现从未出现过的团结。欧洲国家精诚团结，联合为一体，一度推动了摧毁伊斯兰世界的十字军东征。日本帝国虎视眈眈于东亚，企图把亚洲各“没有出息的国家”统统归于大日本帝国的版图，在促使中国两大政党即共产党与国民党抛弃前嫌的同时，也促使亚洲信奉“事不关己，高高挂起”的各个国家一时间建立起抗拒日本的联合阵线。美国的狂傲与后来居上者的逼压，也让一向互不相让的欧洲各个国家不得不走向一体化的道路。

自然的逻辑便是，如今足致人类走向毁灭的超级力量与人类大分裂的结合，使我们人类确确实实在走向全面的灭亡。此危险犹如一柄硕大无比的达摩克利斯之剑，高高悬在世人的头颅之上，随时随地足以让我们人类脑瓜崩裂，尸首两处，甚至是转瞬之间就随我们的地球而被气化掉，踪迹全无。此危险与威胁，必然促使我们人类理性面对大一统政治的未来。唯有建立超越国家本体和当代过时的国际政治治理结构，人类才会继续存在下去。否则，继续目前以国家为本位的传统国际政治，而不能迅即成就一种使人类团结如一家的文化与国际政治体制，只会葬送人类的未来。不管你属于傲慢自大的东方帝国，还是属于放荡不羁的西方列强。不管你在意识形态上属于哪个所谓的“主义”，不管你在综合实力上被划入第一世界、第二世界、第三世界国家，都应该充分意识到这一点。这是人类的唯一选择，自古华山一条道，就目前态势观之，好似并没有什么别的拯救途径可供人类选择。

喜欢争论的历史学家必然会提出这样一个问题，历史上曾经出现过无数的大一统帝国，东方有之，西方也不乏其例，罗马帝国是一例，中华帝国也算一例。但无一例外，这些威风八面、不可一世的帝国，都在血雨腥风的相互倾轧中走向灰飞烟灭，难得几个能留下点蛛丝马迹。一些学者甚至口出污言，谓大一统之帝国模式的设计，实在是人类智力退化而想象力丧失殆尽的产物。笔者的回答是，就动机而论，历史上诸帝国之建立，不是出乎宗教目的，就是出乎政治征服之安排，前者出乎偏执的迷信，后者出乎狂热的王道。一旦这些目的得以实现，大一统帝国必然将走向解体。而如今人类重铸一体化之政治体制，其动机是为了拯救在走向灭亡的人类。此问题随着人类科技的发展与人类自身大分裂的激化而越来越严重，仅此一点，就注定了人类未来一体化政治的建立绝非权宜之计。

在欧洲，最早提出建立国际性政治机构的是英国。1915 年 9 月，英国外交大臣格雷致信美国总统威尔逊的密友豪斯上校，提出设立超国家机构的设想。但实际上，英国从骨子里就反对此主张，而坚持采用军事均势外交。英国之所以径由美国提出此主张，则完全“是英国为美国参战寻找一个令人满意的理由”①。在包括英国在内的所谓现实主义者们看来，当涉及战争与和平问题时，谁拥有最强的军事力量谁就拥有发言权，谁如果没有足够的实力，那只能自认倒霉。寄希望于所谓的世界政府来主持正义，只有政治上的白痴才会如此。

回忆诸如美国老总统伍德罗·威尔逊和不甘寂寞的超级科学大家爱因斯坦因提出“世界政府”，而招致暴风骤雨一般的攻击和批判，实在让人心寒。美国总统伍德罗·威尔逊拖着行将就木的病体，奔波在美利坚颠簸不平的大道之上，他指望凭借其总统的权威、学者的博识和传教士一般的热情，说服美国国民给他的“世界政府”的主张投上一票。但其下场可想而知，美国参议院对他的设计予以当头一棒，他也因此成为人们嘲笑和挖苦的对象。康涅狄格州的共和党参议员佛兰克·布兰狄挖苦道，听威尔逊的演讲，其感觉“就像是和爱丽

①[美]亨利·基辛格. 大外交[M]. 海口：海南出版社，1998：214.

丝一起漫游奇境一样，还和疯兔一起喝茶”。英国首相戴维·劳合·乔治在其回忆录中写道：“理想主义的总统就把自己当成一个传教士，其职责就是将可怜的欧洲邪教徒从他们长期以来对错误的和暴烈的主神崇拜那里解救出来。他情不自禁地用那种腔调向我们演讲。”①

爱因斯坦也因利用一切机会和场合宣传其“世界政府”的主张，而落得猪八戒照镜子——里外不是人的悲惨下场。在西方，他被诸多科学家看成是“不明事理的理想主义者”，更有甚者，美国政府因此怀疑爱因斯坦是共产主义的鼓吹者或间谍，为此，美国联邦调查局为爱因斯坦建立了资料详细的档案库。

在苏联，爱因斯坦更是受到各种无端的指责和批判。1947 年，在苏联政府的精心策划和操纵下，以苏联物理学家及苏联科学院院长谢尔盖·瓦维洛夫、化学家 A. N. 弗鲁姆金、彼得格勒市科学院物理化学研究所所长 A. F. 约飞、莫斯科科学院物理化学研究所所长 N. N. 谢苗诺夫四位科学家的名义，联名发表了一封题为《爱因斯坦博士的错误观念》的公开信。在此《公开信》中，苏联科学家以一种典型的冷战语言对爱因斯坦进行指名道姓且非常系统性的批判。义愤填膺的苏联科学家们指责爱因斯坦此举是“怀着把联合国变成美国国务院的一个部门的目标”，这个建议“与美帝国主义坦率的拥护者的建议没有什么区别”。苏联科学家还指出，由于命运的嘲弄，此时的爱因斯坦已经“落入诚恳的国际合作和持久和平的死敌的手里”，“事实上成为和平与国际合作最凶恶敌人的阴谋与野心的支持者”。②今天看来，这些苏联科学家对爱因斯坦的批评和攻击完全是从一种畸形的冷战思维出发，迂腐可笑，实在不值得花费太多笔墨去加以评述。

①[美]罗·麦克纳马拉，等. 历史的教训——美国国家安全战略建言书[M]. 北京：世界知识出版社，2005：4.

②[美]卡罗琳·麦茜特. 自然之死[M]. 吴国盛，译. 长春：吉林人民出版社，1999：183.

在中国也有世界主义的积极鼓吹者，此君便是戊戌维新的领袖人物康有为。在康有为的眼中，国家是一种陷人民于水深火热之中，必须予以铲除的祸害，战时国家是一些江洋大盗为求自保的工具，和平之时国家则成为已盗得天下的达官贵人鱼肉百姓的帮凶。因此，康有为在其《大同书》中，提出了“去国而世界合一之体”①的政治理想。在积弱多病、兵荒马乱的中国，没有人去关心这个理论，在一般人看来，这更是无异于妄倡谬说、天方夜谭。

由此观之，我们不得不相信，大多数人是靠不住的，他们除了专注于物质，与河马一般关心其本已高度近视的眼下的利益外，而对理性实在是无能为力的。人类本该在第一次世界大战，尤其是第二次世界大战之后就实实在在进行“世界政府”的策划与安排，但人类并没有这样做，我们不能怨天尤人，只能怪人类的无能。但如果我们今天还依然执着于过去的见解，那就是不可饶恕的愚昧了！

爱因斯坦在其《给苏联科学家的回信》中，坦率地告诉苏联人：“没有别的可能的办法能减轻人类面临的最恐惧的危险”，“避免完全毁灭的目标必须高于其他一切目标”。②他说的绝对没有错。如今，我们人类面临着“火炎昆冈，玉石俱焚”，且可能将同归于尽、无一幸免的巨大威胁，对于此刻的人类来说，什么全球发展繁荣，什么和谐国际建设，什么环境污染，什么毒品犯罪，都成为无足轻重的事情。我们人类首先要解决的就是能否继续生存下去，生存高于一切。美国哈佛大学物理学家兼历史学家拉尔德·霍尔顿说：“如果爱因斯坦的想法真的很幼稚，那么这个世界就太糟糕了！”③

①康有为. 大同书[M]. 北京：华夏出版社，2002：95.

②[美]爱因斯坦. 爱因斯坦晚年文集[M]. 海口：海南出版社，2000：169.

③[英]安德鲁·罗宾逊. 爱因斯坦相对论一百年[M]. 长沙：湖南科学技术出版社，2006：202.

人们在短期内误会威尔逊、爱因斯坦和康有为等人，似有可谅之处，如果直到今天还执迷不悟，继续沿着老路稀里糊涂地走下去，那就太可悲了！

第40章
论国民的层次

教育：提升国民层次的最佳手段

人们往往只看到国家之间物质上的差异。从历史的长河中来看，不同民族物质上的差异性的背后是民族智慧层次上的差异性。国家与国家之间的较量，民族与民族之间的较量，说到底是不同种族，或者说是不同国家国民知识层次之间的较量。

提升国民的层次，途径一为政治训导，孙中山曾经设想中国实现宪政，“训政”是一个必经阶段；途径二为道德驯化；途径三则是教育。

一位日本人这样写道：“无常是我们的本性。我们时常看见昨天还富足而今天已贫穷的人。按照进化律，这是人类竞争的结果。我们都不免于那种竞争。即使是我们本来不愿意的，也不能不互相攻战。我们用什么刀剑来攻战呢？用那为教育熔铸出来的智识之刀剑。”①

①[英]小泉八云. 日本与日本人[M]. 海口：海南出版社，1994：27.

教育，作为国家与国民的一种组织和培训形式，其作用与目的是，一是为国家培养高层次的国民；二是通过这些高层次的国民进而提高国家的层次和水平。一句话，教育也是为了造就民族的生存与竞争力，使之在弱肉强食的社会竞争中占据有利“地形”。

有学者在反思鸦片战争失败的原因时指出，中国之惨败，原因在于中国社会之落伍，到了19世纪“我们的军器和军队是中古的军器和军队，我们的政府是中古的政府，我们的人民，包括士大夫阶级在内，都是中古的人民[①]。”

不仅如此，落后的教育制度却以其巨大的历史惯性还在把我们的民族往较低的层次上拖。要发挥教育在提高国民层次上的作用，当务之急则是尽快提升教育的层次。

自生自灭的中国古典教育

教育在当代已经成为一种国家行为，但在中国历史的很长一段时间内，中国的教育处于一种自生自灭状态。国家对国民的教育是采取放任不管的态度，国家仅仅指定一些求官考试的必修教材，而对学生们如何学习只交给那些乡间的老先生了。这些先生大多是一些屡考不中的落榜门生，为了混口饭吃，便在自己家中腾出一两间房子，然后贴出告示，吆喝那些邻居们的孩子来读书，这就是我们经常听说的“私塾”。教师们的教学方法就是让那些孩子们一股脑儿把那些“四书”“五经”之类的东西记到脑袋中，而孩子们也是只知道囫囵吞枣地把这些东西记住。“一群乌鸦噪晚风，诸生齐放好喉咙”便是对那种私塾生活的生动写照。

中国的古代教育为全国各地的农村小院培养了一些计账先生。面对那种放

①蒋廷黻. 中国近代史[M]. 海口:海南出版社,1994:25.

羊式的教育方式，小自耕农们纵有“望子成龙”的狂想，也是不敢奢望自己的子女能够考取一官半职的，他们所希望的仅是，自己的孩子能够认识几个“苍蝇爪”，帮助自己写个信、画个请柬等，或者知道个一二三四，以帮助家里算算账。

这种教育为上到中央、下到地方培养了一些大小官吏，让农家的孩子们能圆一个“朝为田舍郎，暮登天子堂”的美梦。政府也正是利用这个诱饵，让广大农民心甘情愿地掏钱为自己的孩子请来先生。

20 世纪以前的中国教育就是停留在这个层次上，国家仅仅规定考试内容，仅仅规定考试方法，仅仅规定作文的格式，其他便一概不管。这种方法与那种放任自流的小自耕农经济的操作形式如出一辙。

在中国一些仁人志士的推动之下，20 世纪以后，中国的教育已经开始走上自我提高的现代化之路。但遗憾的是，这个过程也是一波三折，还时常出现“进一步，退两步”的尴尬情况。

科举制度在中国被正式废除是在 1905 年，由于中国的教育传统找不到使中国教育现代化的因素，因此，中国教育的现代化一开始就体现为对西方国家教育制度的移植。这种移植以 1949 年为分界线。1949 年以前，中国教育的现代化是以移植西方欧美国家的教育制度为主要形式，这种移植所产生的影响直到今天还在继续。可以说，中国在 1949 年以前教育改革所取得的成效是：中国参照日本、美国学制建立起新的教育制度和学校制度。1922 年颁布的“壬戌学制”所确立的中小学“6–3–3”学制沿用至今。这种制度所确立的“适应社会进化之需要”“发挥平民教育精神”“谋个性之发展”“注意生活教育”等原则深受当时世界性的进步主义教育运动的影响。它所确立的选科制等具体制度，直到今天还是我们正在进行的教育改革的追求方向。

新中国成立以后，中国教育获得了长足发展。但是现今，在多出人才、快出人才、早出人才的心理支配之下，中国的教育又陷入应试教育的泥潭。可以说，中国教育的现代化仍是一个值得不断探讨和补充的课题。

面向历史的教育制度

工业社会的教育是面向现在，中国的古典教育则面向过去，这种教育的最大特征是迷信过去而忽视未来。

农业社会的教育面向过去，以遵循先例，崇拜祖先，强调服从为根本特征。认为人们应该熟读圣贤之书，并时时温故而知新。在农业社会，任何古老的东西都受到尊敬，谁敢否定祖宗的智慧与经验，谁就会遭到正人君子们的唾弃和打压。怀疑主义在农业社会是没有生存余地的，孩子们只能去死记硬背那些古旧的教条，而不管这些东西是否符合人类的理性。这种教育所造就的人，不是一个只知道之乎者也、而没有什么创新的极端守旧的人，就是极端的民族文化的彻底否定者。

道德至上主义

人类的生存与竞争方式已经发生了天翻地覆的变化，但东方人的教育仍然停留在培养一个在道德上完美无缺的人。在以往中国的正统观点来看，教育的首要功能应该是政治性的，教育的目的是教育人民成为“修身”“齐家”“治国”“平天下”的楷模，技能性与创造性从来就不是中国古典教育的目的。这一点从中国教科书的变化就可见一斑：中国古代教育孩子们的有几本书，即《百家姓》《三字经》《千字文》《千家诗》《神童》《鉴略》《大学》《中庸》等。到了民国年代，这个传统也没有什么根本改变，当时各个学校所用的教材有一门叫《修身》。北伐战争以后，《修身》变成了《公民》。抗日战争以后，《公民》又变成了《政训》。

这种教育的又一特征，是如同近代思想家严复所指出的，以知识博雅为高，人们崇拜那些见多识广、满腹经纶的人，而那些提出新的知识、新的思想的人则往往不被看中。究其根源，可归结于原始氏族社会对有经验的先人崇拜，也反映了我们这个民族自信心的逐步丧失。不敢相信自己，不敢相信创新；只相信先人，只迷信经验。

新八股与旧八股

历史向前推进八九十年，提起“四书五经”，无人不知，无人不晓。就是这几本书，像一把钳子，牢牢地把无数中国读书人的思维控制起来。宋朝以后，特别是从南宋以后，中国的知识分子要想出人头地，必须苦练童子功，死记硬背由《大学》《中庸》《论语》《孟子》与《礼记》《诗经》《书经》《易经》《春秋》组成的“四书五经”，否则，即使你是学富五车，也是没有什么前途的。

尤其是到了明朝，国家统治者把考取功名的作文格式规定成一种固定的格式。一个人即使满腹经纶，但如果不能按照固定的格式作文，也是不可能有所作为的，至多只能当一个“命薄不如趁早死，家贫无奈做先生”的老师。

在中国社会中，八股过去有，近代有，现在也有。所谓“新八股”是指那种从思想上对人民进行文化钳制的一种文化制度。

著名学者南怀瑾对这种“新八股”进行了批判。他说：“这种八股意识的发展，自满清下台以后，尤其厉害。在国民党当政时期，考试文章中，如果没有讲一点三民主义的党八股，就休想有出路。后来的政党，也不能免于类似的框框。所以，几十年前，打倒孔家店，扬弃八股文，变成‘文化大革命’的浪潮，那也是事所必至，势有固然的结果。谁知旧八股去了，新的八股比旧的还变本加厉。以前的八股，只是文章规格的限制，现在的八股，反成为思想控制的工具。”情之所至，南老先生竟然发出这样的感慨：“我真是感叹这个时代，是进步了，还是退化了。真不知中国的文化，何年何月才得以复兴它的灿烂辉煌啊！”①

中国的教育要想走出困境，清除八股遗风也是一项要务。中国文化中的许多东西对于现代社会的发展已经没有什么价值，但这些东西仍然作为考试的内容来强迫孩子们死记硬背，正是这些无聊的内容耗尽了多少中华少年的英雄之气。有人这样挖苦中国“百无一用是书生”，实乃中国之悲剧。

为未来留下广阔的空间

“救救孩子”是五四时期的仁人志士发出的呼声，然而谁会相信，到了今天，中国教育依然存在这一状况。那些不幸被迫围着高考指挥棒跳舞的老师们想尽一切办法往学生们的大脑里塞进各种有用或者没用的东西，许多学校依然停留在分数至上、考试至上、死记硬背、满堂灌等迂腐的教育方法之中。现代版本的“范进中举”的故事不时在重演。“考、考、考，老师的法宝；分、分、分，学生的命根”则是这个教育方法的生动写照。一些学者的研究报告称，中国目前课堂和考试的难度和深度已经高于发达国家一两个世纪。

在 1964 年的春节座谈会上，毛泽东曾经严厉批评“现在的教育办法是用对付敌人的办法”，“还是考八股文章的办法”，“这种做法摧残青年，摧残人才，我很不赞成，要完全改变”。

①南怀瑾. 大学全书[M]. 上海：复旦大学出版社，2003：14–15.

我们应该为孩子们的大脑留下一些创造的空间，那种为积累而积累的知识灌输方式是一种自杀式的教育方式。与其让我们未来接班人的头脑被一些破铜烂铁等没用的东西塞满，不如让他们的大脑干净清爽，因为一张白纸，好写最新、最美的文字，也好画最新、最美的图画。

第41章

非洲：地球人共同的故乡

翻开世界地图随便看看，我们就会发现，当今世界最落后的国家大多集中在非洲。而在非洲，最落后、最混乱的国家大多集中在非洲东部和东南部。埃塞俄比亚、索马里、肯尼亚、坦桑尼亚、乌干达、卢旺达、苏丹等都是这样的国家。一提起非洲，人们总会想到黝黑的人种、寸草不生的沙漠、奇形怪状的物种、骨瘦如柴的儿童，还有令人望而生畏的索马里海盗。总之，这个地区在人们的印象中很难与“文明”这个字眼联系在一起。

欧洲人向来是看不起非洲这块地方的，在这些欧洲人看来，非洲是一个没有文明的大陆。德国哲学家黑格尔在其 1823 年出版的《历史研究》中以一种不屑一顾的口吻写道：“孤独的尼罗河帝国只存在于地下，存在于无言的逝者身上……存在于他们宏伟的住所里；——遗留在地面上的除了华丽的陵墓，什么也没有。”

或许一般人不会想到，非洲是人类最早的诞生地，尼罗河是人类文明最早的发源地。英国著名的科学家达尔文可能还真是天才，在他所生活的时代，全世界还没有发现任何的人类化石，但就是在这种情况下，达尔文就根据非洲曾经存在过与今天的大猩猩和黑猩猩有着密切关系的类人猿这个事实大胆地做出推断：人类的起源地最有可能在非洲。他在其于1871年出版的《人类的由来》中这样写道：“非洲从前还存在过几种和今天的大猩猩和黑猩猩有着密切关系的类人猿，虽然现在早已灭绝了，但是这两种猩猩是人类最近密的亲族，因此，非洲更有可能是人类最早祖先的原居地”。①

如今达尔文的这个大胆的断言，不仅被无数的考古发现所证实，也被现代的DNA技术所证明。美国人类学家斯宾塞·韦尔斯在其出版的《人类前史》中更是旗帜鲜明地指出，今天生活在世界各大洲、各个地区的人们都拥有一个共同的祖先，他是6万年前生活在非洲的某个男人，他是真正的“亚当”。也就是说，人类起源于非洲，距今5万年前，人类的祖先开始走出非洲，向地球的各个角落迁徙。②

顺便提及一下，中国有些科学家长期坚持说我们中国人是由本地的“北京人”等直立猿人进化而来的，但是这个观点在人类的基因图谱中却找不到任何确凿的证据。相反，利用现代基因技术通过对中国境内各个民族的研究，却一再证明中国人同样起源于非洲，我们的祖先与欧洲人、美洲人和非洲人的祖先一样，都是来自于非洲大陆。

复旦大学人类学研究中心教授、美国辛辛那提大学医学院环境健康系及基

①英查理·达尔文.人类的由来[M].吴霾，等，译.北京：人民出版社，2007：102.

②[美]斯宾塞·韦尔斯.人类前史[M].杜红，译.北京：东方出版社，2006：29.

因组信息中心主任金力等人，曾组织相关专家历时 10 年时间，对中国人的起源问题进行深入研究。此课题即《中国基因组多样性研究》，属于从 1993 年正式启动的国家自然科学基金会“八五”重点项目《中华民族基因组若干位点基因结构的研究》和“九五”重大项目《“疾病基因组”理论和技术体系的建议》的子课题。这个课题组迄今已经对全中国 56 个民族，北到黑龙江的鄂温克族，西到新疆的维吾尔族，南到云南的 28 个主要族群，东到中国台湾高山族的几个分支，共 120 个群体进行了 DNA 采样，通过对 12000 多人的检测发现，涵盖中国各省、直辖市、自治区的近 10000 个男性样本 Y 染色体上，几乎都有一个突变位点 M168G，而这个突变点大约在 7.9 万年前产生在非洲，是一部分非洲人特有的遗传标记。金力教授指出，Y 染色体在人类遗传中不会出现重组，能稳定而丰富地记录人类的遗传信息。通过对 Y 染色体的研究，金力等人发现，人类的祖先大约在 6 万年前走出非洲迁往世界各地，其中一部分非洲人从亚洲东南部往北迁移，到达中国，越过长江进入华北和东北亚，而成为现代中国人的祖先。①

我之所以认为黑格尔对非洲文明的看法欠缺公正，还有一个原因，那就是非洲文明的博大精深。“历史学之父”希罗多德在其著作《历史》中曾经这样评价古代埃及文明：“没有任何一个国家有这样多的令人惊异的事物，没有任何一个国家有这样多的非笔墨所能形容的巨大业绩。”在古老的埃及大地上，巍峨耸立达 3000 年之久的金字塔建筑，高耸入云的方尖碑，神秘莫测的“帝王谷”岩窟墓，令人惊异的阿布西尔神庙，庄严雄伟的卢克索和卡尔纳克神庙，谜般的象形文字，以及充满神奇色彩的木乃伊制作技术，给人类贡献了无限知识财富的莎草纸，以及为商人指引航向的奇迹——亚历山大灯塔。这一切

①吴蠡荪. 人类寿命学(上卷)[M]. 北京: 中国医药科技出版社, 2007: 91.

无不透露出古埃及人民的智慧和伟大成就，无一不是希罗多德之说的坚不可摧的证据。而更为重要的是，在古埃及人民所取得的巨大辉煌业绩的背后隐含着一个庞大的精神体系，那就是古埃及最神秘莫测的宗教和神学文化。

在最神秘莫测的古代埃及文化中，以一种最独特的语言，即神学语言向我们叙述了最彻底的万有生命理论，并对人类在未来的宇宙化生存中提出了若干或明或暗的指示。

第42章 资本主义：一种世界性的选择

以工商业为核心的资本主义经济体制对于一个国家的重要性，200 年前法国的伏尔泰就已经看得很清楚。伏尔泰在其《哲学通信》中写道："商业已使英国的公民富裕起来了，而且还帮助他们获得了自由，而这种自由又转过来扩张了商业；国家的威望就从这些方面形成壮大了。商业渐渐地造就了海军的力量，英国人从而也就成为海上的霸主。现在他们差不多拥有两百多只战舰。也许后世要惊讶起来，说这样一个小岛，它本身只有少量的铅、锡、硅藻土和粗羊毛，它的商业怎么变得这样强大，竟可以在 1723 年同时派遣三个舰队到世界上三个遥远的地区：一个舰队派到被英国军队征服和占领了的直布罗陀，另一个舰队派到贝尔多海湾，以便夺取西班牙国王享用的财富，又派了第三个舰队到波罗的海去阻止北方强国的自相残杀。”①

其间的道理，对于现代人来说，也许无须多言。在当代社会，国家与国家之间的竞争，说到底是经济实力的竞争。一个国家如果能在同等的情况下比其他国家创造更为丰富的财富，自然就会在人类的决斗场上占据优势地位，反之则会一败涂地。西方世界对东方民族的胜利则是这种竞争的结果。

英国经济学家亚当·斯密认为，人类的经济生活有两个“系统”，一个是农业系统；一个是商业系统。在他看来，农业系统是具有历史传统的系统，而商业系统则是现代的系统。被亚当·斯密称为“商业系统”的经济生产模式，到今天已经发展为一种最有生命力的财富生产方式，即我们平常所说的“资本主义”。资本主义一度被一些激进的革命家骂得一钱不值，也曾经被苏联、东欧等国家的人民看成洪水猛兽。

作为一种取代封建主义生产方式的资本主义，被证明为一种最为有效的财富创造模式。马克思在《共产党宣言》中如此写道：“资产阶级在它的不到一百年的阶级统治中所创造的生产力，比过去一切时代创造的全部生产力还要多，还要大。”历史事实也确实如此。我们无论是从马克思所列举的诸如“自然力的征服”“机器的采用”“化学在工业和农业中的应用”“轮船的行驶”“铁路的通行”“电报的使用”“整个大陆的开垦”“河川的通航”“仿佛用法术从地下呼唤出来的大量人口”，还是从“无数高端武器的发明”“信息技术的普及”“教育的发达”以及“政治民主化的推广”，历史上没有哪一个社会和哪一个国家能够比资本主义所释放的能量大！

①[法]伏尔泰. 哲学通信[M]. 上海：上海人民出版社，1961：37.

当然，资本主义生产方式内在的矛盾，即所谓的“生产的社会化与资本主义私有制之间的矛盾”，不仅导致人与人之间的不平等发展到极端，而且导致全球性的经济危机，全球性政治混乱与全人类的恐慌也因此而产生。

资本主义首先是作为一种社会财富的生产方式而存在，其本质在于它通过最大限度调动人类攫取财富的欲望和冲动，而客观上最大限度提高社会财富的运营效率，最终实现自然资源和社会资源的最优化使用。在这种体制下，社会的核心要素首先应该是作为社会财富拥有者和最能实现财富增值最大化的资本家和企业家阶层，而绝对不是作为被雇用的所谓无产阶级阶层。无论是先进的生产方式，还是先进的生活方式，都是在资本家阶层的引领下才得以实现的。这个群体是社会离不开同时也是重要的群体，而其他群体则是虽不能缺少但始终是配角的存在。简单说来，资本家与企业家阶层，因其唯利是图和斤斤计较的本性，可能不是最可爱的人，却是对社会极有价值的人。

从本质上讲，市场经济是一种信用经济，信用依赖于有形资本和无形资本作为载体才能得以实现。没有资本的人是不可能有什么信用可言的。因此，那些经常因炫耀财富而显得庸俗不堪，却实实在在拥有资本的企业家群体，要比那些头头是道、口若悬河的知识者阶层更有资格谈论信用问题。

资本主义生产方式的存在和不断自我调节是西方社会走向崛起的根本原因。美国新制度经济学家、诺贝尔经济学奖获得者道格拉斯·诺斯在其《西方世界的兴起》中指出：“有效率的经济组织是经济增长的关键，一个有效率的经济组织在西欧的发展正是西方兴起的原因所在①。”

---

①[美]道格拉斯·诺斯. 西方世界的兴起[M]. 北京：华夏出版社，1999：5.

第43章
论民主的质量

对于西方资本主义民主制度的建立，中产阶级功不可没。杰斐逊曾经说过，美国的民主是建立在自耕农的基础之上的。这只是从一般的意义上说明美国政治的民主基础。构成包括美国在内的西方世界的民主基础，不是少数的资产阶级，也不是一无所有的无产阶级，而是占人口绝大多数的中产阶级。

西方的中产阶级是在资本主义商业经济的发展中逐步形成的，在很早就获得与政治人物同等的地位与权利。政治上的独立性是经济独立性的政治表现。中国古代的统一表明中国政治的早熟，这种过早成熟的政治，使中国的中产阶级失掉了发展的机会，也使中国社会内部独立经济组织的出现相当困难。另外，官本位的中国文化也使中国的中产阶级具有特别的奴性。

中国今天依然以自耕农经济为主要形态。在中国的社会与经济格局中，广大而落后的农村似乎处于无足轻重的地位。但从文化的角度来看，直到今天仍实行于广大农村的小农经济模式自始至终决定着我们这个民族的性格与我们华夏人的生活方式。

笔者出生于中国典型的苏北农村，幼年的无知使自己无法认真审视那片贫穷而落后的土地，离开了那片土地，混迹于喧闹的城市，却无时无刻不感受到中国小农经济对我们中国政治与文化的巨大决定作用。

小农经济是中国经济的内核，农民是我们这个社会的主体阶层，一个个像零散的土豆一样散布于大江南北、长城内外广袤土地上的广大农民的生活方式是中国人的基本生活方式。几乎每个家庭都有一块属于自己的土地，每个家庭都有属于自己的猪圈，每个家庭都有属于自己的仓储基地，甚至每个家庭都有一个保存农家肥的厕所，以维持简单的再循环之需要。

在这种小自耕农经济的基础上，现代社会所需要的民主与科学没有立足的余地。就民主而论，那种小自耕农所关心的只是自己那片土地能给他们带来多少收获，而这收获在很大程度上取决于地方官吏们能否较少地剥削他们，而把那些沉重的经济负担转嫁给邻居们。因此对这些小自耕农们来说，如何讨好地方官吏，与地方官吏保持一种默契的合作关系至关重要，这是一种生存所必不可少的技巧，也是小自耕农的本能使然。

在这种情况下，要中国的农民们去行使什么所谓的民主监督，那只是一种天方夜谭的事情，授予他们什么所谓的民主权利也是难以施展开来的。中国直到今天，宗法统治与家族统治一直隐约存在于中国的广大农村，其原因就在这里。小自耕农的特点是规模小、松散、服从暴力管理、缺乏组织性、缺乏流动性、缺乏互通性、缺乏独立性。“独而不立”是小自耕农的重要特征。这种经济是一种侏儒经济，永远长不大，形不成规模。在这个基础上发生任何革命都是一种低水平的重复，缺乏真正的革命性。人为地培养这种侏儒经济，是一种小农主义的典型特征。空想共产主义理论是建立在小农经济的基础之上的。在这种侏儒经济之下，商业经济是没有什么发展空间的，中产阶级的产生也成为不可能。中国的一切问题可以从中国缺乏进步性、具有顽固的封闭性的小农经济中找到答案。在这种“独而不立”的小农经济下，是建立不了什么健全的民主政治的。

具有同样理性追求的文化，也因其赖以生存的经济基础的不同而具有不同的文化特征。例如，东西方人都强调人道主义，但因我们东方的人道主义，即孔孟式的人道主义是建立在小自耕农经济基础之上，因此强调人际关系的和睦与和谐，强调互助与友爱；而西方的人道主义则把追求个性的解放与独立自由作为其主要内容。这种现象的背后则可归结于中国小农经济的强大。

一个个单个的小农家庭，其抵抗自然灾害的能力是极其低下与弱小的。一场致命性的自然灾害足以使无数的小自耕农倾家荡产、一无所有。在这种情况下，能够维持一种水平虽然低下，但相对稳定的生活，对于无数的小自耕农们来说，实在是再好不过了。平平安安、从从容容地度过一生，自然也是无数小自耕农们的美好梦想。

直到今天，中国的经济仍然有很大一部分是小自耕农经济。这种经济是一种没有创造性的经济，它只会在小规模的框架内进行单调的循环，而不会有什么大的突破。这种经济也是一种听天由命的经济，在这种经济之下，上苍成为人们崇拜的偶像，离开上苍的恩赐，人们只有望洋兴叹。这种经济是一种崇拜祖先经验的经济，离开祖先教授的耕种经验，人们面对苍茫的土地也是无可奈何的。于是，通过科学实验追求有更大发展的思想便受到人们断然的抵制。不讲究效益，满足于低水平的重复建设，便成为中国农村占主导地位的生产方式。

中国历史上虽然有一些商业化的历史，但中国的商业阶层始终未能获得对社会的支配地位，商人阶层也时常成为从贫民到君主们的社会打压对象。黄宗羲在《明夷待访录》中，反对传统的“崇农抑末”，在中国历史上第一次提出“工商皆本”的思想。这在中国的政治文化中实在是一种凤毛麟角的现象。

使中国的小自耕农经济走出困境，农业的全面商业化改造便是一条无论如何也绕不过去的道路。其内容应该包括这样几点：

土地的市场化。中国的市场经济是建立在土地的国有化基础之上的，有中国特色的社会主义建设道路，被一些人机械地理解为土地必须牢牢地控制在代表国家的政府手中。而毫无疑问，土地不能作为一个完全的商品的市场经济是一个不完整的市场经济，至多是一种半商业化市场经济，因为即使是最正统的经济学理论也认为，土地是生产要素中最重要的一种。

土地的合作化经营。土地的商品化是促进中国的小自耕农经济走出困境的前提，其次便是土地的规模化经营。土地的合作化或者说是规模化经营，是促使中国农业经济升级换代的前提，也是中国的工业与农业进行资本性结合的前提。从中国开放的角度看，能否把大量的国外资本引导到中国广大的土地上来，也直接决定着中国开放的质量与长久性的社会效益。

总之，华夏文化是我们中华文明得以产生与发展的精神因素，那么，小农经济便是决定着我们这个文明心理文化结构的经济与物质基因。小自耕农经济，是中华民族过去生存的基础，也曾是中华民族稳定的基石，同样也是我们这个民族多年落后的原因。

中国的经济制度与政治制度以及文化制度都是建立在这种如汪洋大海一般的自耕农经济之上的。中国一次又一次的农民革命，摧毁了中国中产阶级产生的社会基础，而使中国的小农经济得以延续千年。中国的中产阶级却因此而一次又一次地遭到灾难性的打击，而难以获得充分发展的机会。

中国古代的政治是一个压制商业的政治，这主要表现在中国的农业财税政策上。虽然中国的农业财税政策一再发生变化，其名称也是名目繁多、千奇百怪，什么“一条鞭法”等，但其政策的灵魂暗指在这种基础上是不可能产生大规模的商业经济的。中国人对商业的鄙视并没有随着中国政权改朝换代而有什么改观。中国的农民革命越深入，中国的中产阶级发展与存在的空间便越小。疏散性的自耕农是不可能建立起与上层权力体系相抗衡的政治体系的。同样，建立在自耕农经济形态之上的政治是不可能顾虑这些装在麻袋中的土豆们的欲求和权利的。

中产阶级的发展状况，直接决定着中国民主发展的深度与广度。中国人既想从商业的发展中得到国家的发展，又想维持中国的自耕农式的政治模式是不可能的。

中国中产阶级是在一种畸形的商业文化中发育长大的，这种文化就是一种政治主导型商业文化。西方特别是在欧洲这个地区，历史上就存在一种重视商业的传统。根据美国学者写的《全球通史》介绍，在欧洲各国，至少是在西北欧的一些国家，从事政治的官僚与从事商业的商人们很少处于非此即彼的猫鼠关系。官商互通、官商平等一直是个惯例，政府也很少对商人采取歧视性态度。在这种文化下，人们把经商赚钱作为一种与从政一样的事业。单枪匹马，抛妻别子，远渡重洋，敛财聚宝，成为一件无限荣光的事情。

但是，在中国、印度这样的东方国家，为官从政一直是所有臣民梦寐以求的追求。中国的官僚们拥有特权，有了权力往往就有了财富，因此，作为进入中国官场的科举考试吸引了无数人倾其终身忍受数十年寒窗酷夏之苦。“朝为田舍郎，暮登天子堂”，“书中自有颜如玉，书中自有黄金屋”。相比之下，中国的商人们则很难登上大雅之堂，各种各样的贬义词也与商人结下了不解之缘，一直到今天，崇拜官僚、鄙视商人的观念也仍然有很大的市场。

中国中产阶级与西方中产阶级的产生过程是不一样的，前者许多是靠与政府暗地沟通，有的靠巧取豪夺，有的靠弱肉强食来发家。这种先天不足决定了中国的中产阶级缺乏最基本的阶级觉悟，在普通的国民们看来，这些人很少有几个人是“好东西”。如今一些中国商人纷纷沦为阶下囚，也从不同的角度验证了国民对于广大商人阶层的评价。

关于中国中产阶级，笔者认为：其一，如前所说，全民中产阶级化是中国社会与经济发展的目标与自然结果；其二，中国中产阶级作为社会转型、国家体制转变的受益者，是权力与财富互动中的行家里手这种形象，直接影响着中国国民对于中国改革开放事业的价值评判；其三，中国中产阶级人士是对中国传统秩序的反动，有时他们也成为这个秩序的牺牲品。中产阶级一旦成为被人恨之入骨、但愿除之而后快的对象，中国的中产阶级也便走到尽头。这不仅是中产阶级的悲剧，更是我们中华民族的悲剧。

马克思在其学说中提出，对于西方的封建社会过渡到资本主义社会，中产阶级起到了极为关键的作用，也正是因为有中产阶级的崛起，才为封建社会的瓦解创造了条件。这也就是说，在促进封建社会向资本主义社会的过渡中，是中产阶级起到了关键的作用。

对于当代西方社会，我们必须抛弃两种狭隘的思维观念，一种是简单地否定中产阶级在西方社会中的主导作用，认为西方社会已经变成了所有人在国家与社会生活中均处于同等的社会地位；另一种是简单地认为中产阶级只有把自己的幸福建立在工人阶级的痛苦之上才能得到实现，即没有无产阶级的绝对贫困的存在，就不可能有资本主义社会的发展。

西方的社会目前正向传统社会主义学说所主张的社会主义社会演变，这并不单纯是无产阶级斗争的结果。这种过渡是无产阶级与中产阶级共同进化、相互妥协的结果。就中产阶级来说，通过长期的阶级斗争的实践，他们意识到，只有那些极端短视的政治家才会藐视占人口绝大多数的工人阶级的利益，而一心一意地钻到狭隘的阶级利益中去。为了自己阶级的生存与发展，中产阶级必须充分考虑广大人民的利益，必须如马克思所讲的，必须不断地对全部的社会关系进行不断的革命。否则，在与无产阶级的较量中，中产阶级必将与无产阶级同归于尽。在这种情况下，西方各国，以德国为首，纷纷采纳了各种社会改革措施，诸如老年养老金、最低工资法、疾病和事故以及失业保险、有关工作时间和工作条件的立法。

从工人的角度来看，工人阶级也不再简单地把自己的利益与中产阶级的利益对立起来，工人阶级也日益意识到，没有资本的规模化经营，没有少数精英人物的经营与管理，就不可能有工人阶级物质利益的普遍提高。于是，妥协取代了冲突，谈判取代了暴力对抗。总之，现代西方社会的发展是西方的中产阶级与无产阶级自我进化与自我否定的结果。共荣已经成为这两个阶级的共同追求。

第44章
论人类的野蛮化

依托人类几千年所创造的文明，人类本可以进入一个可以享受康德式“永久和平”和永久幸福的极乐世界，但实际情况恰恰与之相悖，人类文明的成果以及积累起来的巨大能量，最终不幸地被“灾变”为人类自相残杀，并导致其成为人类走向末日的罪魁祸首。人类的过去与未来，都不过是一幅幅越来越令人绝望的讽刺画。

究其原因，便在于人类灵魂之堕落使人类最终走向彻底的野蛮化，进而把我们这个世界变成一个你死我活的单极世界。这种堕落与巨大无比的文明能量的结合，最终会把这个世界送到它本不该去的地方——自我灭亡。

自我崇拜的人类

人类自旧石器时代起，历经数千年之发展，最终逐步将其踪迹散落到欧洲、亚洲、南北美洲和澳大利亚等地区。但是在公元1500年之前的这段时间中，在如黑洞一般迷茫而遥远的原始年代，人类像土豆一样散布在地球的各个角落。各个种族之间，是“鸡犬之声相闻，而老死不相往来”，人类各个种族，不仅难以利用彼此的文明成果实现各自的发展，同样也感觉不到彼此构成的威胁。正因这种麻木与自私，人类之间尚能保持一种原始而本能的宽容与尊重。在这种表象之下掩盖着的是一颗无比冷漠，也注定会逐步走向残酷的心灵。

地理位置上的封闭与孤立使人类形成一种本能的部落意识，即使在今天当人类进入全球化的信息时代，人类依然无法摆脱这种狭隘的部落意识。这种意识表现在人类天生就具有的两种自然的本能与倾向上：

其一，自我中心倾向。地球上所有的物种在观察世界时，都必然以自己为出发点。对于那些智力远远低于人类的动物都是如此，人类就更不用说了。古今中外，所有的民族都存在一个以自我为中心作为观察世界的立足点的本能倾向。在埃及人的心目中，古老的尼罗河肯定是孕育人类文明的最早地区；印度人认为，人类文明的中心一定在恒河流域的某个神圣的地方；而在中东地区的人民心中，古老的幼发拉底河和底格里斯河才是人类的母亲之河；在东亚地区的中国人、朝鲜人和日本人看来，他们所处的亚洲地区才是世界真正的中心，而那些诸如欧洲、阿拉伯民族和非洲，都是没有什么文化的蛮夷之邦，他们也只配居住在远离亚洲的蛮荒之地。而与以上各种说法不同的是，犹太人则把耶路撒冷看成真正人类文明的发源地。

其二，文明或种族的自我崇拜倾向。在西方的种族主义者看来，人类按照其体质、智力和文明化程度可排成一个固定等级，在这个金字塔一般的种族等级排序中，白种人居于最高等级。在他们看来，世界“从伯利克里和恺撒的时代直到现在，历史的伟大戏剧中的主角都是由欧洲的白种人担任的”[①]。总之，在自以为是的西方人那里，世界上一切伟大的成就都是由白人即雅利安人

①[美]斯塔夫里阿诺斯.全球通史——1500年以前的世界[M].上海:上海社会科学院出版社,1992:39.

创造的，所谓的雅利安人包括希腊人、罗马人、古代波斯人，它的最高代表是现代的条顿人。在其他种族的人看来却是完全不同的，即便对于非洲人也是如此。在非洲人看来，作为人类文明公认发源地的埃及文明直接发源于非洲。埃及文化中代表其法老的狮身人面像，从其面部特征来看明显属于非洲人即尼格罗人类型。不仅如此，在非洲人心目中，《圣经》中的埃塞俄比亚就是非洲大陆，埃塞俄比亚人就是非洲人，正是这些古老的非洲人创造了人类最灿烂的文明。

美国著名学者亨廷顿把全球文化分成八大文明，即西方文明、儒家文明、日本文明、穆斯林文明、印度文明、斯拉夫—东正教文明、拉丁美洲文明、非洲文明。人类之间的冲突与战争一直在这几大文明层面展开，每个文明都把自己视为文明的正宗，而把其他文明视为粪土而不值一提。

在一部分西方人的眼中，所有东方人都是野蛮之徒；在一部分东方人的眼中，所有西方人都是野蛮之徒。在一些有产者的眼中，无产者是野蛮之徒；在一些无产者的眼中，有产者是野蛮之徒。在一些基督教徒眼中，某种程度上，非基督教徒都是野蛮之徒；在一些佛教徒的眼中，非佛教徒都是野蛮之徒；在一些伊斯兰教徒眼中，那些不信奉《古兰经》的人，都是“作恶者”“愚人”和“恶魔”，他们是执迷不悟的聋哑人和瞎子，对于这些异教徒，真主封闭他们的心和耳朵，让他们的眼睛布满翳膜，予以重大的刑罚。前面这些不过从不同的角度揭示了人类文明的本质，野蛮不过是某一类人对与自己不同的“他者”的一种称呼而已。其实，人与人从本质上是一样的，这些不过是野蛮人类对自身邪恶本性的一种自首，没有基督徒与伊斯兰教徒的区别，没有有产者与无产者的区别。

一些西方人自认为自己最有资格，在他们的眼中，无论是那些黑头发、黄皮肤的亚洲人，还是那些外表黝黑的非洲人，更不要说那些印第安人，都不过是人类文明的旁观者，没有价值而白白占有广阔的空间。一句话，这些地方的人永远是野蛮的代名词，而只有欧洲，只有西方人，才代表着文明，才是上帝真正的“选民”。

黑格尔是德国的哲学家，在他的眼中，世界分为新和旧两个世界，而所谓的新世界是不属于人类文明的，原因在于“新世界里发生的变种，只是旧世界的一种回声，一种外来生活的表现而已”。在西方人看来，欧洲是人类文明的温床，而其他地区不过是对欧洲文明的一种“回声”。相比之下，美洲和澳大利亚等地区，长期被愚昧而野蛮的土著居民所盘踞，他们除了本能地无节制地消耗这些地区的资源以外，实在难以给这些地区带来任何进步。

在西方人看来，欧洲是历史与文明最完美的拥有者，而亚洲是一块只拥有历史回忆的大陆，非洲则更是一块没有文明的大陆。

埃及文明曾经以其辉煌的成就为非洲赢得了一点荣光，但在西方人看来，埃及的价值就在于它可以为后来的英国人和法国人征服世界提供一块地理上或者说是军事上的跳板，除了这一点实在没有什么文明的价值可言。

在其 1823 年的《历史哲学》中，德国哲学家黑格尔以一种嘲讽的口吻说：“孤独的尼罗河帝国只存在于地下，存在于无言的逝者身上……存在于他们宏伟的住所里；——遗留在地面上的除了华丽的陵墓外，什么也没有。”亚洲是人类文明的发源地，但西方人却极力贬低这种文明的价值。法国人孟德斯鸠在其《波斯通信》中指出，欧洲文明与亚洲文明的对立体现在如下几个不同本质特征的对立，即：科学与宗教的对立；理性与神秘的对立；禁欲与放纵的对立；雄性与母性的对立；勤奋与懒惰的对立。

美国的亨廷顿极端藐视伊斯兰文明，在他的笔下，所谓的伊斯兰文明是幼稚的、无政府主义的，简直就是野蛮的。

中国文明在西方人看来也是极端粗俗的。在西方人看来，在遥远的年代之中，中国人确实创造了一些文明，但他们的文明除了四声语言、运河文明、混杂无章的花园、华而不实的服装、奢侈的游乐、藏污纳垢的长指甲和惨无人道的缠足，实在没有多少值得一提的东西。因此，在西方人的眼中，中国人与那些印度人、非洲人和美洲人一样，他们没有给人类文明博物馆提供多少有价值的东西。

西方人认为，中国从来就没有真正的文明，中国人所引以为自豪的东西都不过是一些一钱不值的破旧垃圾。在中国，只有一些停滞不前、粗糙庸俗的文明，却很难见到历史的进步。

西方大国的精神鼻祖，即古代希腊人，对人类的划分很简单，就是希腊人（Hellenes）和野蛮人（barbarians）。在希腊人看来，那些野蛮人不过都是一些不知道公共生活为何物，连希腊语言都不会说，而只会发出“巴巴”（barbar）声音的人；在希腊人看来，人是一种政治，即“城邦”的动物，而只有希腊人才有资格成为政治的人，相反，其他种族的人都是野蛮之徒，因此“蛮族是奴隶，而希腊人是自由人”。

在德国哲学家黑格尔和印度著名诗人泰戈尔看来，所谓人类的历史，就是一部人类不断实现其精神理想的历史。黑格尔固执地认为，两河文明和埃及文明是人类的童年时期，幼稚而单纯；希腊文明代表着人类的中年，强大而健康；罗马文明代表着人类的壮年时期，在日耳曼——基督教创世时代进入了它的老年时期。这个终点不是衰老的自然界的老年时期，而是精神的老年时期，是“完满和成熟的象征”，只有日耳曼民族等西方民族才具有能力做“精神高等原则的负荷者”，“日耳曼”精神就是新世界的“精神”。被称为“近代史学之父”的德国大历史学家兰克傲慢地断言：“历史教导我们说，有些民族完全没有能力谈文化……我相信从全人类的观点来看，人类的思想……只是在伟大民族中历史地形成的。”

西方学者罗德斯狂称："我认为我们是世界上最优等的种族，我们在世界上占据的地区越多，对人类越有利。"纳粹时期的德国人认为："在这个世界上，人类的文化与文明和雅利安人的存在，有着不可分割的密切关系。雅利安人的消亡或者衰败，将会令世界愁眉不展。"

以美国为核心的美国主义在今天已经取代了欧洲主义，美国主义已经成为西方主义的内核，美国主义成为欧洲中心主义在今天的最新翻版。在今天的西方人看来，如果美国不愿意领导这个世界，或者说当今世界如果偏离美国的领导，必然陷入灾难之中，最起码将是一片混乱。

亚洲地区的人民同样是按照这个逻辑来看待这个世界的。长期以来，在中国人眼中，西洋国家都不过是一些"蛮夷之国"，这些国家的人民，都不过是一些具有"犬羊之性"，且"初未知礼义廉耻，又安知君臣上下"的野蛮之徒。即使是对自己的近邻，中国人的看法也是极其原始的。在中国人看来，日本人不过是常年盘踞游荡在东海诸岛上生活的一种专门吃人肉、喝人血的"鬼"的后代。

而在日本人的心中，日本才是世界的太阳，他们的国家是世界上最好的国家，他们的天皇是世界万民之主。在日本人的心中，包括后来的荷兰人、美国人都是一些只知道到处抢劫的野蛮人，而与自己一衣带水的诸如朝鲜人、中国人都不过是一些只知道窝里斗而软弱不堪的落后民族。在亚洲，唯有日本才是真正的救世主，没有日本，亚洲人只有成为别人的奴隶的份儿。

如今，各个民族、各个国家，乃至各个阶级和阶层之间几乎都用一种不共戴天的眼光在看着对方。

人类原始的宽容很快就因人类在空间上的迅速接近而成为过去。公元1500年以后，由于地理大发现与人口的增加，人类社会逐步告别昔日的孤立与割据状态，如今的地球已经完全成为一个"地球村"了。人类在收获因彼此融合而带来的文明成果的同时，也因短兵相接，随时在人类各个种族之间引发灾难性的冲突，乃至战争。

为争夺本来就高度紧张的生存空间，人类以国家、民族、阶级或种族、部落为单元，而把那些与其利益相互冲突的一方视为不共戴天、而必须予以消灭的“野蛮人”。为了生存，人类本能地意识到，要维持自己的生存而不被别的种族吃掉，必须有两个必要条件：一个是必须确保对手的软弱，只有如此，才能获得一种安全感；另一个就是必须不断进行自我武装，要把自己武装成别人不敢靠近的超级动物。同时，随着文明的推广，人类也在彼此学习彼此的文化与智慧，某个特殊地区的文明成果很快就成为人类共同的资源，于是，人类的普遍智能水平也得到同步的提高。要想制服对手，人类自然必须在更高的层次上进行自我武装。对于人类来说，社会融合程度越高、越深入，人类之间存在的冲突就会越严重。对于人类来说，最可怕的不是不断发生的看得见、摸得着的战争以及各种大大小小的冲突，而是在于为防止因对手和邻居比自己强大侵吞自己，而不断进行自我武装的内在需要。这种绝对的自我武装的需要决定着人类会陷入一种绝望的循环怪圈之中，于是“恐怖平衡法则”便成为主宰人类生存的第一法则。

通过一次次血腥屠杀，人类也逐步意识到，一个民族、一个国家要想在与其他民族和国家的角逐中掌握主动，要该出手时就出手，必要时须主动出击，迅速消灭对方，于是消灭对方成为确保自己得以生存的前提。这就是主宰人类生存和发展的第二个法则，即“先发制人”法则。如今，这个法则已经得到某些国家及其国民的共同认可，且融化在充满血腥味道的各种立法之中，于是便把其创造的一切成果用于屠杀这些该死的“野蛮人”。人类的末日危机便因此而潜伏。

人类在漫漫的历史长河中，这种倾向越来越发展到不消灭对方就无法生存的道路上去！人类之间的血腥斗争分别在文明与文明之间、文明内部以及国家与国家之间、阶级与阶级之间展开。

人类的野蛮化并不只是少数政治狂人如此。

人类的野蛮化是文明灾变的结果，更是推动文明灾变的原因。在这些主导人类生存与发展的可怕法则的主宰下，和平共处依旧充满艰难。

第45章 肠胃主导下的世界

人为财死

支配人类行为的是赤裸裸的本能与意志。意志乃是包括人类在内所有生物和非生物的本质。用哲学家的语言来讲，意志就是那种隐藏在一切物质背后而决定着万事万物的“物自体”或“实体”。

决定人类行为的当数以繁育后代为主要表现形式的生殖意志。按照德国哲学家叔本华的见解，生殖意志是人类意志的核心，生殖是所有生物的终极目的，是统治人类的最强的本能，而“生殖器官实在是意志的中心”。男女之间性的关系，成为人类一切行为的不可见的“中心点”，它到处出现，虽然它戴着各色各样的面罩。它是战争的原因，也是和平的目的；它是严肃正经事的基础，也是戏谑开玩笑的目的。它是智慧无尽的源泉，一切幻想的关键，也是所有神秘暗示的旨意。总之，生殖与性的关系构成世界真正的“世袭君主”，主宰一切而超越无限。

而在笔者看来，与生殖意志居于同等位置并支配人类行为的，则是人类为攫取财富而拼命厮杀的图利本能与意志。中国有句古话，即“人为财死，鸟为食亡”。西方学者费迪南德·科恩伯格则把这种精神归结为一句话，即：“从牛身上榨油，自人身上榨钱”。牟利、赚钱、尽可能多地牟利与赚钱，并非哪个时代、哪个阶层特有的现象。无论是对远古时代的牧民，还是对现代衣冠楚楚的资产者；无论是对那些西方的新教徒，还是对那些故作清高的东方雅士；无论是对那些道貌岸然的政客，还是对那些以卖笑度日的妓女；无论是对那些不正派的官吏，还是对那些落魄的赌徒、乞丐、游侠，都是如此。用德国学者马克斯·韦伯的话来说，就是：“凡是具备了或者曾经具备客观机会的地方，这种冲动对一切时代，地球上一切国家的一切人都普遍存在。”

人类唯利是图的本能在如下几种文化的刺激下逐步走向极端，与“鸟为食亡”一样，“人为财死”成为其必然的结果。

商品拜物教与资本家迷信

如今的人类，已经由重农社会迈入重商社会。在重农社会，土地被看成社会财富的唯一形式，谁拥有土地，谁就成为别人的主宰与上帝。农民式的淳朴、农民式的愚忠、农民式的清心寡欲以及农民式的对商业与奢靡性的消费成为主流文化。那种唯利是图的商人成为人们鄙视的对象，无人欢迎而经常遭受无端的迫害与打击。

而在重商时代，哪个国家拥有胜于别人的财富，哪个国家就成为国际社会的 CEO（首席执行官）。在重商国家，是商人阶层才使得这些国家成为具有世界性影响力的国家。在这些国家之中，富裕之人成为社会上最有价值的人。除了商人，其他阶级与阶层都被看成可有可无的陪衬，资本家与资产阶级不仅霸占整个国家的财富，还凭借自己的财富，控制着国家。于是，正如马克思、恩格斯在《共产党宣言》中指出的那样，“现代的国家政权不过是管理整个资产阶级的共同事务的委员会罢了”。

总之，现代国家，不管其采用什么管理形式，归根结底，从所有者的角度来看，它都不过是富有者管理其资产的机器，都不过是属于富有者所有的国家。

在如今以商业为中心的社会中，那些拥有社会财富的资本家阶层，虽然许多人是没有受过多少教育的“暴发户”，却革命性地引领着全人类的生活模式。他们的喜怒哀乐、举手投足成为人们模仿与崇拜的对象。人类为财富而奋斗，因财富而疯狂。

在早期的人类社会，乃至到西方的中世纪，经济与政治是分离的，经济就是经济，政治就是政治。人类的经济行为基本上是以一种“个体户”的形式出现，人类从事的生产活动都是为了满足自己以及被迫满足各级大小官吏的需求，只有在极个别的情况下，人们才会有可能出现剩余产品，并拿自己生产的产品去与别人进行交换。

而此时的国家机器，与其说是国家，还不如说是贵族们的私家保安机构，它们不过是看管封建君主私有财产的家奴而已。在很多时候，统治阶级都是利用国家机器采取暴力手段去解决因不满政府而到处寻衅闹事的“梁山好汉”。

政治与经济的分离是经济落后年代和政治落后年代的必然结果。随着社会政治与经济的发展，这种分离迟早将走向结束。法国思想家圣西门曾经在1816年就指出，政治将最终转化为“关于生产的科学”，并预言“政治将完全溶化在经济中”，“对人的政治应当变成对物的管理和对生产过程的领导”。这种变化到了重商主义社会就开始出现萌芽了。

以代议制为主要政治形式的现代资本主义社会脱胎于奉行专制独裁的封建时代。对封建独裁之害记忆尤新的启蒙运动思想家和通过暴力行动推翻旧式政治的革命家们，素来就对国家和政府这个东西持怀疑的态度，他们唯恐政府一旦被授予巨大的权力，必然会像英国思想家霍布斯笔下的“利维坦”，即野兽一样来肆意侵犯人民的权利。因此，他们主张对政府和国家的公共权力进行严格的限制。“小政府，大社会”和“有限政府”的理论就代表着他们对此问题的经典态度。在这种理论支配下，资本主义初级阶段建立的各国政府基本上处于一种消极的“守夜人”的角色，国家与政府的经济职能基本上是以制定经济运行游戏规则，查处违背经济规则的行为，维持公平竞争规则为核心，而在其他方面则基本处于“无为”状态。即使是在鼓吹国家干预主义的凯恩斯理论风靡一时的特殊时期，这种情况也没有多少根本性的改观。

人类精神信仰的物化

无论是古典的印度佛教、阿拉伯地区的伊斯兰教，还是中国的道教，都以一种居高临下的傲慢态度审视着人类的经济行为。汗牛充栋的古代宗教文献之中，弥漫着浓郁的带有原始共产主义色彩的苦行主义文化气味。在古典宗教教义中，宗教是人类至高无上的精神食粮，人们只要能满足最基本的生存就心满意足了。财富是无用的，过多的财富甚至可以说是与罪恶画等号的。

即使是颇具有理性的古希腊文化和信奉《旧约》的早期基督教也是如此。

在古代希腊社会中，人们普遍认为，“最低层次的人是那些做买卖的人”。西方中世纪时期，商人的社会地位极其低下，有时候甚至非常凄惨，这些都是最典型的例证。

因奉行一种鄙视财富、谴责人类赚钱冲动的禁欲主义，我们也可以说，在平衡人类的财富冲动与社会的和谐发展方面，古今中外的宗教文化扮演着最后一个平衡阀门和缓冲带的角色。

16 世纪席卷欧洲，乃至其影响一直波及今天的宗教改革运动并没有消灭基督教，西方人依然跪拜在《圣经》的权威之下，因此，美国学者雅克·巴尔赞认为，这次运动并不是所谓的宗教改革，而只是一场“神学革命”，属于基督教的“人民内部矛盾”。在德国社会学家马克斯·韦伯看来，这场所谓的宗教改革“并不意味着废除教会对日常生活的控制，而是以一种新的控制方式代替旧的控制方式”。

但时代毕竟不同了，新教主义确实对西方人过去那种独一无二的真理和万民一致的信仰体系产生了巨大的冲击。从此，传统的基督教被改造成为一种所谓的新教。新教教义抛弃了中古风味的美丽传说，以一种玩世不恭的态度对待被德国伟大诗人海涅赞誉为“最圣洁的花朵”的圣母玛利亚。但在其价值取向上，新教以追求自由、逃避约束为最高宗旨，最终也把基督教改造成为一种灌输赤裸裸商业道德乃至赚钱技巧的教诲和精神工具。本来属于穷人的宗教，却变成了富贵之人手中的“玩偶”。而其他类型的好多宗教因仍然死守昔日那些迂腐的教条而被扔到历史的故纸堆里去了。

在所谓的新教经济伦理之中，追求财富，最大限度地攫取利润，不再是一种与宗教道德背道而驰的东西；相反，“赚钱就是一种美德”，而且必须以最大的努力去攫取财富。“如果上帝向你展示一个途径，由此可以比另一个途径合法地获得更多利益而无负于你的灵魂或任何其他人，如果你拒绝这种方法而选择获益较少的方法，你便与你的职业目的背道而驰，你便是拒绝做上帝的侍者，拒绝接受上帝的赏赐，并拒绝在上帝要求时利用它们为上帝服务。”总之，赚钱是人类必须对上帝尽的“天职”，否则，就是对上帝神圣召唤的背叛。

自此以后，人类寻找天国的热忱已经被狂热的经济追求所取代，宗教热情为功利主义的世俗情感所代替。巴黎、伦敦、纽约、东京、莫斯科大街上匆匆前行的，不再是赶往天国的孤独的朝圣者，而是那些最多兼职从事宗教宣传的“经济人”了。不择手段获取财富，最大限度利用世俗世界和上帝塑造的精神王国提供的一切条件来满足人类感官以及各种看得见、摸得着的欲望，成为人类理想和现实追求的“主旋律”。

用共产主义经典作家的语言来形容则更加让人感到毛骨悚然，那就是，在这样的时代，“现金交易，……日益成为社会的唯一纽带”，“商业日益变成欺诈。革命的箴言‘博爱’化为竞争中的蓄意刁难和忌妒。贿赂代替了暴力压迫，金钱代替刀剑成了至上权力的第一杠杆。”这种本能在 20 世纪 80 年代后期美国嬉皮士的口号，即“贪婪就是好”中更是达到极限。

于是，本来是作为缓冲人类疯狂欲望的宗教，已经成为纵欲主义的帮凶了！

当本能绑上“科学”战车

三部经济学著作，即《国富论》（英国亚当·斯密著，初版于 1776 年）《经济学原理》（英国阿弗里德·马歇尔著，初版于 1890 年）和《就业、利息和货币理论》（美国人凯恩斯著，初版于 1936 年）的面世，标志着人类第一次以“科学”的眼光来审视自身的经济行为。

经济行为，或者说人类的牟利行为之所以能作为科学的对象，英国经济学家阿弗里德·马歇尔言之有理，其原因在于，在所有人类的各种动机之中，无论是高尚的，还是卑鄙的，唯有经济牟利动机是可以借助各种有形的东西，诸如货币，来进行衡量、来进行推理与剖析的。借助于经济学这门科学，人类尽其所能去研究如何以最少的投入去获取更多的财富，以满足自己最大限度的欲望。一旦与科学接轨，一旦可以建立在严格计算的基础上，并纳入“数字化”管理的轨道，人类的财富战争达到什么程度就可想而知了！

在如上推动之下，人类在财富面前充分表现出一种动物的本能。为了获取百分之一的利润，可以置一切道德于不顾；为了获取百分之十的利润，可以触犯国家法律；为了获取百分之百的利润，无论是白道、黑道，都无所不用其极；而为了获取百分之三四百的利润，人类可以把自己拖入战争，乃至导致人类走向灭亡也在所不惜。

总之，最终摧毁人类的，不是人类彼此之间的政治征服与军事征服，而是潜藏在人类灵魂最深之处的对财富的绝对无限制的追求以及由此引发的战争。在一次次差一点儿把人类全面摧毁的世界性战争中，我们随时都可以感觉到这种本能给人类造成的灾难！

第46章 极端民族主义之祸

为“种”与“根”而战

何谓民族主义？在孙中山看来，这是一个连三岁的孩童都能理解的东西。他如此写道：“那民族主义，却不必要什么研究才会晓得的。譬如一个人，见着父母总是认得，绝不会把他当作路人，也绝不会把路人当作父母。民族主义也是这样，这是从种性发出来，人人都是一样的。满洲人入关距今已有二百六十多年，我们汉人就是小孩子，见着满人也是认得，总不会把他们当作汉人。这就是民族主义的根本。”所谓民族主义，说到底，就是一种希望具有相同祖先、相同语言、历史文化传统和性格倾向，乃至外貌特征的特定人群生活在一个独立的国家之中的理论和行动。其实质，如英国著名民族主义研究专家埃里·凯杜里所说，“民族主义的实质是个人意志应融于民族意志”。民族主义，作为一种民族情感，乃至最终演变成一种畸形的主义，是以下两种因素不断累积和演变的结果：其一，人类在地球，就与其他物种一样，按照其特征的不同，分为许多不同的“种”。根据英国历史学家阿诺德·汤因比的考证，延续到今天的人种大约在更新世晚期就已经形成。与其他物种一样，人类的种类还在不断地分化，越往后来，其分化的速度越快。其二，随着文明程度的不断提高，人类的自我种族意识不断增强。以上两种因素的积累最终导致了作为一种系统化理论的民族主义的诞生。

人种的多样性，决定了人类之间必然如人与动物之间、动物与动物之间一样存在着冲突与矛盾。不同的种群具有各自不同的认同。每个种群的民族都把自己看成世界上最优秀的民族，因此，他们以一种居高临下的态度藐视其他种群的民族。埃及人在西方稍微有点教养的人的眼中是一堆卑贱的小农，但他们却把自己看成“上帝的人”。犹太人被其他非犹太教信徒看成背叛上帝的犹大的子孙，是上帝的叛徒，但他们却把自己看成“上帝的选民”。希腊人亦是如此，希腊人坚持宣称自己是海伦的直系子孙，是天神的儿子，是大洪水唯一的幸存者。相反，他们则把那些非希腊人轻蔑地称呼为“陌生的”“外来的”“粗野的”“奴性的”“无知的”野蛮人。就连当年澳大利亚的土著居民，虽然他们连3以上的数字都没有学过，也把那些造访的欧洲人斥之为野蛮人，而自诩为独一无二、绝无仅有的“上帝的人”。

美国作家亨德里克·威廉·房龙一针见血地指出：“从开始到现在，人类从来就是‘群居动物’，只有当一个人感到自己属于由同路人结成的某种排他性集团，这个集团的成员都遵从于自己继承的信仰、偏见、偏爱、恐惧、希望和理想时，这个人才真正感到幸福”，“真正使许多人不顾艰难险阻和危险聚集在一起的原因，是因为他们有许多泾渭分明的共同信仰、共同偏见、共同偏爱、共同恐惧、共同希望和理想”。是的，每个种群的人类都愿意与具有相同背景与文化的人群生活在一个部落之内，共同组成一个现代的政治共同体，即国家，这种冲动始终主宰着人类。这种融于人类血液之中的本能构成民族主义文化得以产生和不断泛滥的最深层次的原因。

人类种群的多样性的原因也是极端复杂的。

其一，地理原因。如果说地理环境的多样性决定着种族的多样性，那么欧洲就是一个最好的例证了。与美洲大平原，与亚洲、非洲以及大洋洲单调的地理环境不一样，欧洲的地理地域呈现巨大的空间差异性。在这块面积并不大的欧洲土地上，地理环境大不相同。西班牙群山连绵，欧洲北部荷兰一带却在海平面以下，阿尔卑斯山重峦叠嶂，冰岛一带却是茫茫冰川。地理的巨大差异，孕育了欧洲众多的民族，民族语言达到 43 种之多。这些互不相同的民族天生就存在着冲突与矛盾。

其二，不同民族之间相互入侵，也是造成人类种族极端多元化的原因。

绝望的“渔夫”

正当全球各个种族的人们为争夺对临近地区的统治权而相互之间进行你死我活的斗争的时候，有三位神秘的不速之客的思想逐渐赢得了世界的认可。他们分别是耶稣、释迦牟尼、穆罕默德。他们传播的教义与那些庸俗的世人截然不同，以一种主义统率全部人类，借助对某个神灵的崇拜都将平等地获得拯救，对流行至今的种族主义教义构成巨大冲击。在其影响之下，一些统治者以此为指导思想，开展了企图建立大一统帝国的政治运动。宗教的大一统、政治的大一统，犹如古代神话《渔夫与魔鬼》中的渔夫，把种族主义这个魔鬼暂时装到了他那个特制的“瓶子”里。

与穆罕默德不同，释迦牟尼、耶稣都是借助其后来者才实现其对世界的精神控制。释迦牟尼出生在公元前 6 世纪，但其对世界的控制却是在其仙逝几百年后。他的教义中，摈弃了不同人的得救按照不同方式来进行的做法，认为只要放弃世间的欲望，谁都可以获得拯救。按照这种教义行事，那种组织起一家、一派、一国进行血腥屠杀的动机必然荡然无存。印度地区民族主义觉醒直到近代才出现疯狂态势，与之不无关联。

公元 496 年法兰克王国的国王克洛维率领 3000 名亲兵到著名的兰斯大教堂受洗入教，标志着基督教彻底统治欧洲的开始。这一点，共产主义经典作家恩格斯看得很清楚。正是凭借其奇特的魔力以及其无数子民手中的利剑，到 15 世纪基督教全面征服了欧洲，或者说，欧洲已经彻底地基督教化了。基督教成为欧洲国家的指导思想，遍布欧洲的大小教会主宰着欧洲的政治，主宰着欧洲的社会。在基督教的经典教义中，上帝成为全人类的慈父，所有人都是兄弟——无论是罪人，还是上帝所宠爱的儿女。在上帝的眼中，天国是其所有门徒的共同家园。基督教世界中的每一个子民，用英国著名作家巴恩斯的话来说，他们“无一例外可将自己的宗教谱系一直追溯到方舟”。基督教这种博爱与世界主义的教义严重削弱了人类对其家庭乃至种族的狭窄的爱，从根本上与那种本能的民族主义是不共戴天的。不仅如此，基督教还以一种几乎专制主义的决然态度宣布，在这个地球，唯有基督教这一真正的救世哲学才是拯救众生的唯一信条。为了拯救人类堕落的灵魂，为了拯救那些迷途羔羊，可以诉诸暴力和各种野蛮的手段。①

如果不是建立在中世纪天主教文化所造就的世界主义文化的影响之下，欧洲的民族主义倾向就会更早出现。在中世纪，西方所有的基督教徒都属于天主教会，所有受过教育的人都使用拉丁语。在这种宗教专制之下，人们效忠的对象是那虚无缥缈的上帝，在世间，人们效忠的是那些假借天主之名，而对人们

①[英]约翰·斯托得. 见证基督[M]. 刘庆荣，等，译. 呼和浩特：内蒙古人民出版社，2003：15.

进行世俗统治的各种教会。在这种情况下，“大多数人认为自己首先是基督徒，其次是某一地区如勃艮第或康沃尔的居民，只是最后——如果实在要说的话——才是法兰西或英吉利人”。在基督教的统治之下，人们相信所有的人都是一家人，都拥有同一个根。不同家庭、不同种族的人类，过去是，将来是，都将在这个小小星球上，融合在人类共同的命运之中。

以中国文化为代表的东方文化，虽然因其地理位置的独特性，不可避免打上狭隘的地方主义的色彩，但这种文化的背后存在一种明显的“天下主义”的色彩。在其看来，无论是“普天之下”，还是“四海之内”，都是一家人。在这种“天下”之中，人人都是“无外”的，“圣无外，天亦无外”。此外，东方儒家文化中宣传的以“礼”来规范人类的社会关系，主张全人类建立一个国家的学说主张，以及那种否定人类的欲望、把世俗的冲突看成是一种罪恶的佛教学说与那种主张民族独立的民族主义是风马牛不相及的。东方哲学中典型的天下主义是对民族主义的否定。

在这些宗教和文化的支配之下，中世纪的不少政治家、军事家也以自己的利剑横扫天下，在不同时期建立起若干统一的国家。这种疯狂的扩张，也彻底击碎了那些企图建立民族政治体的企图。经过政治大一统、宗教大一统，在一段时间扎根于人类灵魂深处的种族主义的本能被压制了。

但在中世纪以后，各种企图压制民族主义的行动都走向破产。这个如鬼魅一般的民族主义再也召唤不回来了，从此将横行天下而锐不可当！就连革命性极强烈的马克思主义学说，也不得不为民族主义让步了。

正如酒精储存时间越长其酒精浓度更加浓烈一样，以上诸种文化与因素对民族主义的压制，其结果不过就是使之以一种更加疯狂的态度爆发出来。

以上诸种因素只是在一定程度上压制了民族主义意识形态的泛滥，但这种来自人性的本能迟早将冲破各种藩篱的束缚，而像鬼魅一样横行人间。中世纪以后发生的若干事件不过为民族主义的横行提供了一个又一个契机。

宗教革命消灭了人人“同根同种”的幻觉，彻底改变了人类的忠诚体系。中世纪以后，以路德宗教改革为代表的宗教改革以及各种形式的宗教革命彻底打破了天主教对世俗的统治，彻底打破了宗教强加在人们身上的各种烦琐的束缚。由于基督教作为独一无二的真理和绝对一致的信仰这一西方人数百年的心理慰藉被彻底摧毁，其结果必然导致宗教革命也因而彻底“打破了西方人同宗同祖的一体感”，潜藏在人们血液中的种族本能，如同中国《西游记》中的孙悟空，虽然被如来佛用五指山压了500多年，但其以倔强的生命力依然存活下来，一旦机会到来，立即死灰复燃。这种民族主义的本能一遇到适当的气候立即获得巨大的释放，人们不再把天国与教会作为效忠的对象，而把属于各个种族的民族国家作为效忠的对象。人们不再为意识形态而战斗，转而开始为自己的“种”与“根”而战。形形色色的民族主义，不过都是一些鼓吹为自己的“种”和“根”而战斗的学说。

康德主义曾经征服了欧洲的思想界，直到今天这个学说还具有巨大的影响。这个学说把西方的自由主义学说发挥到了极限。在西方的文化之中，自由主义具有悠久的传统。著名的《查士丁尼法典》就规定：“自由是一个人做他想要做的事情的自然能力，除非他被武力或法律加以制止。”而康德则发展了这种学说。在康德的理论中，人的独立性被看成“最严格的、即超验意义上的自由”，个人不再是世界冷眼的旁观者，更不是无所事事的闲人，而是世界的中心，世界的主宰者和核心环节。康德在其《论永久和平》中则更加明确地提出，在世间各种政府形式之中，唯有建立在自决基础上的共和政府才是最好的政府。只有这样，人的自由才能得到保障，世界才有和平。

于是，依据这种学说，现代意义上的国家和政府必须绝对追求各个民族的独立。国家要独立，民族要解放，自然成为一种必然的逻辑。现代各种形式的君主共和国革命，乃至充满着血腥气味的法国大革命，终于在康德学说的庇护下大阔步向前进了。

冷战的结束，揭开了遏止民族主义泛滥的最后一个“盖子”。自此以后，一个又一个民族国家脱颖而出。

枪杆子里出“国界”

民族国家的出现，就必然要求准确界定国家与国家之间的边界，那么什么东西可以作为划分一个国家与另一个国家之间的边界的标准呢？在不同的种族看来，却是五花八门。

法国大革命时期的民族主义者丹东以所谓的“自然原则”来界定法国的疆界。他说：“法兰西的疆界被大自然所指明。我们将使这些疆界到达四个地方：大西洋、莱茵河、阿尔卑斯山和比利牛斯山。”

德国的民族主义者费希特则提出：“疆界是一个民族存在的外部象征。在任何文明开始以前，那些操有相同语言者便在天性上被大量无形纽带相互联系在一起。”依据此逻辑，全世界操德国语言的人都应该组成一个国家，而不管这些人是身处美洲，还是非洲。

第一次世界大战后，当德国、奥地利、俄国的失败使欧洲民族主义得以恢复时，波兰民族主义者提出了漫无边际的领土要求，其理由是“基于历史的原则，再用语言的原则加以修正，只要它符合我们的利益”。塞尔维亚民族主义者则强调该民族“古斯勒琴的史诗”传播到哪里，哪里就应该是属于这个民族的土地。

……

结果是，国家与国家的疆界只能依靠枪杆子来解决了。哪个民族有强大的实力，它就可以把自己的疆界扩大到自己愿意达到的地方。1848 年匈牙利民族主义领导人科苏特的话便是其必然的结论了，那就是："宝剑将在我们之间做出裁决!"

人类追求自由与自决的本能冲动，是推动民族主义最旺盛的生命源泉。民族国家的不断出现是人类主张个人绝对自由的理想主义的胜利。

在西方就更是如此。德国哲学家康德虽然并不是一个典型的民族主义者，但其学说中所创立的关于人的自决的理论无疑是埋下了可以被歪曲和恶意创新的阴影。德国的另一个哲学家费希特，作为康德的嫡传弟子，他所提出的理论则是相当赤裸裸的，那就是人的完全自决最终决定着所有的民族必然走向自决。西方近代主义是其集大成者。民族主义的政治之所以最早出现在西方，其原因也就在这里。

民族主义满足了深藏于人类心灵深处、每个人都希望成为自己绝对主宰者的虚荣心理。民族主义不可避免使人类团体面临越来越难以驾驭的分裂。1911 年国际社会召开的巴黎和会期间，每一天，有时候甚至每个小时，都有许多代表团宣布成立新的国家。如今地球上国家的总数是 100 年前的 10 倍，可以预料，100 年以后，地球上的国家有可能达到 1000 多个。如今，国家已经成为一个对人类具有煽动性的名词，任何人都不愿意自己与不同的种族生活在一个屋檐之下。人类未来的悲剧，与悲剧性的未来，都掩埋在这个冠冕堂皇的词语之中!

各个物种之间的倾轧是极端残酷的。德国哲学家叔本华曾经描写了最低级的生物之间的血腥竞争："小水螅像树萌芽一般从老水螅身上长出来，然后再离开母体，当它仍与老水螅联结在一起时，便为了捕食而与老水螅相争，彼此抢夺对方口中的食物。澳洲有一种勇敢的蚂蚁是这种骨肉相残最离奇的例子，因为假若它被截为两段，头尾之间便发生战斗，头部以牙齿啮咬尾巴，而尾部则勇敢地以针刺头部来自卫，这场战斗可持续半小时之久，直到它们死亡，或被其他蚂蚁拖走为止……”此情此景，令人感觉毛骨悚然。然而各个民族之间的冲突，其严酷程度有过之而无不及。

在狂热的民族主义信徒们眼中，即使是普通国民的生命，也不属于自己，“所有一切都属于国家、属于祖国”，“除了自己的国家，所有国家都不被重视”。约翰·斯图尔特·穆勒在评论1848年欧洲的景象时如此写道：民族主义倾向，“必然摧毁了对其他民族兄弟的那种世界主义的和人道主义的关怀”，民族主义使人们对人类任何一部分的权利和利益都漠不关心，“除非与他们自己有同样的名称、讲同样的语言”，而且，“民族情绪远远超过对自由的热爱，人们都愿怂恿统治者去粉碎那些非我族类、语言有异的任何民族的自由和独立”。是的，全世界的民族主义者都存在一种可怕的倾向，即每个民族都强调本民族的统一与强大，并不厌其烦地强调该民族在历史上曾经达到的范围，且谋求最大限度地夺取或者恢复这些领土。人类近代历史发生的无数血腥事件都与之有关。

对于民族主义，印度诗人泰戈尔可谓深恶痛绝，他在《世纪的黄昏》中以一种极端厌恶的语气谴责了那疯狂的民族主义。他如此写道：

一

世纪末日的太阳在西方血红的云海中和仇恨的旋风中没落。

民族利己的赤裸裸的激情带着它那贪欲的醉狂，

紧随刀剑的砍杀和复仇的狂歌舞蹈。

二

民族的贪欲会由于它无耻的取食而发狂。

因为它已经把世界变成它的食物，

舔着，嚼着，大口地吞着，

它不断地膨胀，

直到在那邪恶的宴席上，一声霹雳突然从天而降，

击破它那肥大的心脏。

三

祖国呵，地平线上显耀的通红亮光不是和平曙光。

那是火葬场的火光，民族利己的巨大尸体在焚化，

它因为纵欲而死亡。

……

也许只有这首诗才是对民族主义最好的诠释吧！

第47章
论依法治国战略

詹姆斯·麦迪森在《联邦党人文集》第51篇中写道："在设计一个由人来统治人的政府时，最大的困难在于：你必须首先使政府有能力控制被统治者；其次要强制政府控制自己。"

依法治国的含义之一是，运用宪法和法律造就富有责任感的国民。没有责任感的人民和民族，不会有真正的繁荣。一个公民，应该知道法律赋予他们的自由与权利，应该知道哪些是法律赋予他们相对人及社会管理者的权利，应该知道哪些是法律为他们设立的"禁区"。现代社会的国民应有这样的责任意识：对他人负责，对社会负责，对国家负责是每个人自由发展的前提与条件；尊重他人的权利与自由，尊重必要的社会管理者的权利与自我尊重同样重要，同样神圣。

依法治国的含义之二是，运用宪法和法律造就充分发展与充分自由的国民。农业文明时代，生产力发展水平低，只有强有力的生产组织才能为人类提供基本的衣食住行条件，这种社会因而需要公民对国家统治者及社会秩序的无条件服从。而工业社会，特别是进入知识经济时代，个人自由的发展日益成为社会发展的关键，社会个体的潜能与意志发挥到什么程度，直接决定着国家与社会的兴亡。因此，作为现代公民，应该充分“用足”宪法与法律赋予的自由与权利。藐视他人自由与权利的国民是不负责的，同样，忽视自己权利与自由的国民同样是缺乏责任感的。作为一名公民，我们尊重属于我们自己的自由与权利并为此而斗争，这不仅是我们对自己的义务，也同样是对社会的义务。

依法治国的含义之三是，运用宪法与法律造就强大而有为的政府。西方资本主义国家法制建设中，政府被看作随时会危及人民权利与自由，因而从本质上是邪恶的一种东西。西方许多国家法制建设的基本出发点是用宪法与法律之链条去锁住权力，去控制政府。在强大的法制之下，政府时常被折腾得灰头土脸，威风扫地，由此产生的政府工作低效率便成为一种普遍现象。正如美国的政治学家詹姆斯·伯恩斯等人指出的那样，即“制宪者既不相信精英，也不相信群众，他们深思熟虑地把低效率设计在我国（指美国）的政治制度之中”。

依法治国的含义之四是，运用宪法和法律造就“到位不越位”“循规蹈矩”行使权力的政府。政府不是花瓶，仅作摆设，政府需要大刀阔斧地行使权力，敢作敢为。但是现代社会又不能不设置驾驭权力的“牛轭”，以防止权力失控或被滥用而祸国殃民。在人类历史上，此类情况并不少见。为国民服务，保障公民的自由与权利不受非法的侵犯和干预，是政府的首要职责。因此，对于人民而言，法律的明确授权及法律的未禁止区域，便是公民的自由与权利的范围；而对于政府来说，只有法律的明确授权才是其行使权利的依据与合法性所在。法律未明确授权的领域不是政府所应染指的，法律所未禁止的领域同样也不是政府所应染指的，因为这部分权利与自由应归于国民。总之，任何超越宪法与法律“雷区”一步而行使权利的，不该为而乱为的，皆应作违法看待。

依法治国的含义是国家将法律全面运用于国家的政治、经济、文化、军事、科技等活动之中，将法律运用于解决公民与公民之间、政府与政府之间、公民与政府之间的利益冲突调整之中。依法治国是依法治民与依法治政和谐结合所处的一种良好状态。宪法和法律是国民与国民、国民与政府彼此之间的庄重承诺。法律不仅是防民之具，更是防政府之具。在宪法与法律面前，公民与公民之间是平等的，同样，公民与政府之间也是平等的。公民依据这种承诺参与管理社会，参与治理国家并监督政府，政府则依据这种承诺管理国家，管理社会，监督人民。

第48章
论无限生产力

把复杂的问题简单化，是大家之所以成为大家的最显著标志。古希腊思想家亚里士多德说过："欲有所为，当先知之。""知"的系统化和理论化就是"科学"。爱因斯坦在1936年写道："整个科学只不过是对日常思维的一种精致化。"[①]美国科学家乔治·萨顿把科学定义为"人类对自然界的反映"，"科学无非是在人类之镜中的自然映象，我们可以无限地改变这种镜子"。[②]

①[英]安德鲁·罗宾逊. 爱因斯坦相对论一百年[M]. 长沙：湖南科学技术出版社，2006：12.

②[美]乔治·萨顿. 科学的生命[M]. 上海：上海交通大学出版社，2007：7.

人类通过观察野生动物的特性到饲养野生动物为人类服务是科学，人类通过量子力学的研究到建立核反应堆同样也属于科学。

科学的进步，标志着人类对世界“理解力”与“控制力”的提高与进化，其价值妇孺皆知，毋庸赘言。科学可以满足人类追求内心安宁、和谐与安全的需要，此价值可称呼为科学的“宗教价值”。在人类不知道科学为何物的太古年代，人类如一根根孱弱的芦苇，也像一只只惊弓之鸟一样，战战兢兢、哆哆嗦嗦地生活在神秘莫测的大自然之中，大自然的每一次异乎寻常的表现，都会让人类感觉到惊恐不安。人类无法认识宇宙万物的内在规律，因此，只好把一切现象都归结为那些古怪的、苛刻的、各种各样的鬼怪随心所欲的行为，并一厢情愿地指望借助巫术或各种妖术来预知或改变大自然。

亚里士多德、托勒密、哥白尼、伽利略、牛顿、爱因斯坦、霍金等天文学家与天文科学的出现，终于让人类明白，镶嵌在蔚蓝色星空的点点明珠并非杂乱无章的乌合之众，相反，它们却是严格按照某种规则进行排列组合的纪律森严的军队。

仰观如是，俯察亦然！我们凡人生活的世界，表面看来似乎是无序可循的混沌世界，但各个科学门类的出现则让人类意识到，我们周围的世界与宇宙世界一样，并不是一种随心所欲的存在物，相反，其同样具有内在的规律与和谐。对此的说明，古希腊原子论创始人留基伯的话虽然绝对但却击中要害。他说：“没有任何事物是随便发生的，每一件事都有理由，并且是遵循必然性的。”[①]德国文学家席勒说：“大自然……是包含于其中的诸多事物的构成体；它是遵循其特有的和永恒的法则的存在本身。”[②]

①宋洁人. 亚里士多德与古希腊早期自然哲学[M]. 北京：人民出版社，1995：500.

②宋洁人. 亚里士多德与古希腊早期自然哲学[M]. 北京：人民出版社，1995：499.

在评价牛顿的革命性著作《自然哲学的数学原理》时，法国天文学家、数学家拉普拉斯（Lapulace，1749—1827 年）如此写道：牛顿定律将保证，假如有这样一个超级精灵，他能够获悉宇宙中一切物体在某一时刻的位置和力，那么他就可以预言此前的整个历史和随后的所有发展，在人类的眼中，从“宇宙中最大的天体到最轻的原子，没有什么东西是不确定的，未来将和过去一样历历在目”。①

爱因斯坦在其 1936 年出版的《物理学与实在》中，把这种规律与和谐称为“可理解性”。他还在别的场合多次以一种人类的自信告诉我们“上帝不是在掷骰子”，其意在说，世间万物绝对不是上帝随心所欲的即兴之物。“杜鹃半夜犹啼血，不信春风唤不回”，只要人类抛弃不可知论的迂腐教条，充满自信，且愿意下功夫，是完全能够把握其运行轨迹，进而抓住这种“可理解性”。因此，生活在一个可以把握、可以理解的世界上，恰如婴儿生活在其母亲的怀抱中一样，人类也获得一种从未有过的安全感和归宿感。

在寂寞的世界里，孤独的人类唯有依靠自信才能存活下去。离开自信，连一秒钟都无法生存。人类，宇宙之间一个微不足道的物种，充其量也不过是“在无际的太空中一个环境第十等的太阳系中一个第三等的行星上的一粒微尘”②。论天赋与自然本能，我们人类在许多方面不如其他物种。例如，论眼力，我们无法与白鹭和雄鹰相比，面对灼热炫目的阳光，长着凹陷双眼的雄鹰依然火眼金睛，一窥千里，而人类则如瞎子一般；论听力，人类根本不是长着雷达天线一般耳朵的蝙蝠的对手；论嗅觉系统之灵敏，我们不敢与狗相比，百米之外，狗能闻出消防栓里的几毫升的尿的味道，而我们人类却

①[英]安德鲁·罗宾逊. 爱因斯坦相对论一百年[M]. 长沙：湖南科学技术出版社，2006：17.

②[美]兰西·佩尔斯，等. 科学的灵魂——500 年科学与信仰、哲学的互动史[M]. 南昌：江西人民出版社，2006：34.

做不到；论身体的爆发力和牙齿的韧性，我们不能与老虎、豹子、狮子等相比；论狡猾程度，狐狸则堪称我们人类的导师。

法国哲学家帕斯卡（B.Pascal）有一句名言：“人只不过是一根芦苇，是自然界最脆弱的东西，但他是一根能思想的芦苇。”[①]人类正是凭借思想和在此基础上发展起来的科学事业，而把自己的触觉伸向星光灿烂、浩瀚无际的宇宙，并一步步成长为宇宙世界的主人。

在科学武装起来的人类面前，外部世界不再是一个桀骜不驯的魔鬼，而是一个完全可以按照人类的鼓点跳舞的玩偶。人类不再是上天可怜的仆人，用霍金的比喻，而成为“天上的立法者”。借助科学，人类足以打败所有其他物种，而成为“万王之王”“万主之主”，达至一种“一览众山小”的巅峰境界。科学可以让我们人类意识到：人类虽然与其他物种一样，拥有微不足道的躯体，但人类却拥有伟大的心智。科学史虽然同样充满着无数猜测，有时混沌不清，但它最终将使人类为自己是人类而充满骄傲。英国学者波普尔曾经像吟唱赞美诗似的说道：“我们相信人类的心智。”[②]这也成为人类共同的心曲。

在昂立·彭加勒等科学家看来，科学就是为了揭示世界的和谐，证明世界的美。从这个意义上看，昂立·彭加勒主张，科学家与那些以“究天人之际，通古今之变”为使命、为学术而学术的社会学者一样，就是“为科学而科学”，[③]不能说完全没有道理。但是，科学的真正价值在于对人类“有用”，如果对人类没有什么实际价值，那就成了好看不好用的“水中月”与“镜中花”了，说到底成为一种毫无意义的空气振动而已！

众所周知，世界的本原是物质，而一切物质都潜藏着束缚在其原子结构中

---

①[法]昂立·彭加勒. 科学的价值[M]. 北京：商务印书馆，2007：135.

②江晓原，等. 科学败给迷信[M]. 上海：华东师范大学出版社，2007：13.

③[法]昂立·彭加勒. 科学的价值[M]. 北京：商务印书馆，2007：170.

非常巨大的能量。如果这种能量被发现，被释放出来，并能够被加以控制，那么它将彻底改变人类和世界的命运。科学的作用无非就是将大自然的力量转化为一种能够被人类用来进行专业性的检测、度量，以及进行实用性的开发利用的力量。凭借科学，动物能、生物能、化学能乃至核能，都不过是这些具体能量的体现。

英国科学家、诺贝尔化学奖获得者雷德里克·索迪曾经说过："如果哪个国家能够使物质发生转化，它就能把沙漠变成绿洲，把冰冻的两极融化，把整个世界变成美好的伊甸园。"①科学将为人类发现、开发、利用这种能量提供一种强大的工具。在千万年的进化历程中，我们人类长期匍匐在威力无比的大自然的压迫之下，一切都是听天由命，一切都是逆来顺受，绝无半点自由可言。科学，以其所拥有的提升人类物质能量与精神能量的神奇伟力，将人类从一个不得不服从自然、不得不听命于自然的普通物种，提升为一个驾驭自然、操纵自然，进而改造自然、控制自然的超级物种。人类饲养猪、牛、驴等动物来为人类提供畜力，人类利用相对论的基本理论建立了便携式全球定位系统，人类根据光电效应的科学定律，推进了太阳能的利用。总之，人类已经成为掌控一种神奇的超级力量的超级物种！

当然，人类或许无论如何也没有想到，科学还成为人类之间相互进行征服和屠杀的工具。

在科学发展的历史进程中，有两个问题必须予以关注：

其一，知识生产的模式与科学发展加速度问题之间的关系。人类社会的发展，从来就不是简单的 1 加 1 式的直线性匀速发展。相反，人类社会一直是以

---

①[英]安德鲁·罗宾逊. 爱因斯坦相对论一百年[M]. 长沙：湖南科学技术出版社，2006：192-193.

一种越来越快的速度而呈现一种按照几何比例的态势加速发展。美国人类学家路易斯·亨利·摩尔根早在其1877年出版的《古代社会》就已经论证过，对此几乎无须再费笔墨予以说明。究其原因，似乎也是非常明显的。科学技术的进步，包括其中每一个或大或小的进步，从其表现形式来看，都是思想自由竞争的结果，从其智力或文化基础来看，则都是建立在前人知识积累的基础之上的。针对这种现象，西方学者麦克迈克尔指出：这种“累积的文化的出现是自然界一桩空前的事件。它产生了类似于复利的效果，允许连续的几代人在文化和技术发展的道路上不断前进……知识、思想和技术的传播代代相传，这给予了人类一种空前的能力，凭借这种能力，人类能够在完全陌生的环境中生存并且创造出他们所需和所想的环境”。①因此，人类科学事业的发展就必然呈现一种几何型或指数型发展态势。

以化学领域的发展为例，在15世纪之前，人类只发现了11个化学元素，第12个元素锑的发现离第11个元素的发现整整差了200年。如果按照这个比例发展下去，那么到今天我们只能在元素周期表中增加两三个新元素。而事实上，在此后的500年时间内，人类却发现了70多种新元素，尤其是在1990年以后，人类分析出的新元素的速率已经不再是每两个世纪一个，而是每三年一个。

在论及生物化学领域的发展时，西方生物化学家菲利普·西克维茨说：“在知识的广度方面，过去30年中在生物的特性方面了解到的情况，使人类史上的任何可以比拟的科学发现时期均相形见绌。”②

---

①[美]大卫·克里斯蒂安.时间地图——大历史导论[M].上海:上海社会科学院出版社，2007:147.

②[美]阿尔文·托夫勒.未来的冲击[M].北京:新华出版社,1996:22-23.

时间充裕的读者不妨通过考察不同历史时代各个行业技术发展、书籍出版数量、发明以及重大技术革命的完成时间点来对此加以进一步的研究与论证。

其二，关于理论科学与经验科学的关系问题。在十八九世纪的众多科学活动与发明创造之中，有许多的科学成果、发明创造是根据人类实际生活的需要而取得的。这就是说，“除了那些偶然的发现外，多数发明都是事先研究的结果”[②]。许多科学思想，比如牛顿的运动定律、万有引力定律，阿基米德定律和法拉第的磁场概念，对于只要具有日常的常规思维能力的人就是可以理解的。但到 19 世纪以后，尤其是进入 20 世纪，出现了许多“为科学而科学”的科学，即理论科学或曰“学术科学”的研究。例如，相对论与量子力学就是如此。理论科学异军突起，远远走在经验科学发展的前列，而恰恰是理论科学的发展开辟了人类科学发展的新纪元。理论科学的发展虽然缓慢，对社会的实际影响虽然比较间接，但是它对人类科学事业发展的促进则是无限的。科学的最终价值就是它最大程度挖掘人类自身的内部潜力，并最大限度地利用外部力量把人类征服自然的潜力推向一种出神入化的无限境界。

科学，如今被人类看成“解决问题的艺术”。有用，才使科学成为科学。依靠科学，人类积聚起无限强大的能量，也正是因为科学具有如此神力，全世界各个国家无不对于科学事业寄予莫大的希望与寄托。美国人坚信“科学是世界上最革命的力量”，[①]并宣称“科学，无止境的前沿”。两次世界大战以后，德国一败涂地，英国一片萧条，法国筋疲力尽，但唯有美国异军崛起。美国的崛起并非是因为欧洲列强衰败的结果，而首先是得益于美国科学

① W.C.丹皮尔.科学简史[M].北京:人民日报出版社,2007:140.

②[美]乔治·萨顿.科学的革命[M].上海:上海交通大学出版社,2007:6.

和工业领域取得的原创性成就。20世纪之所以是美国的世纪，同样如此。苏联曾把科学称为“直接的生产力”，没有科学的支撑，苏联要想与欧洲—美国集团进行抗争是不可能的。德国人则说“科学，机遇地带”，凭借其在科学上的独特优势，德国人即使在两次世界大战中遭到重创，依然如浴火凤凰一般迅速在战后崛起。[①]中国政治家邓小平则说：“科学技术是生产力，而且是第一生产力。”

第49章 现代政治与人性之发酵

政治与人性

人性原本就是不干净的河流，在其途经喧闹的人世以后，在生存竞争、商品拜物教、腐败政治和血腥战争的催化与浸染下，如今已经完全成为无法过滤清，甚至是几乎不可逆的污泥浊水了。

任何战争，不管是出于任何“高贵的”“爱国的”理由，都是不高尚的。

①[美]奥利卡·舍格斯特尔.超越科学大战[M].北京:中国人民大学出版社,2006:124.

在战争中，必须尽可能多地杀人，这就是战争唯一的也是无耻的逻辑。因此，没有什么卑鄙的勾当是战争所不允许的，也没有什么罪行不曾得到战争的保护与支持。高尔基说：“让我们回忆一下，心地善良的俄国人是怎样把钉子钉进基辅、基希尼奥夫和其他城市的犹太人的脑袋里去的；1906 年伊万诺夫—沃兹涅先斯克的工人们是怎样把自己的同事活活地投进锅炉用开水煮他们的；狱卒们是怎样丧心病狂地折磨犯人的；黑帮分子是怎样撕裂青年女革命者们的身体，把一根根木棍塞进她们的生殖器官的。”总之，只要是进入战争状态，人世间一切最丑恶的事情都是顺理成章的。

人间政治原本是一个很简单的东西。所谓政治，无非就是通过一定的程序和方法来选择一些人管理普通大众的公共问题。这些原始形态的政治家本应该成为民众的公仆，随时随地听候公众的调配。在原始意义上讲，那些政治家原本都是纯属于公众性质的“打工仔”。他们除了按照公众的要求循规蹈矩地工作以外，似乎就不应该有什么自己的利益了，也或许正是从这个意义上讲，曾经以最低法定年龄出任罗马共和国首席执行官的西塞罗（Cicero Marcus Tullius，公元前 106—前 43 年）说，在这个世界上没有别的行业比政治这个行业“更接近诸神的庄严职责”了。

然而，由于是公共管理者，就难免把一些公共资源授予其管理，于是一些政治家在其本能欲望的支配下，利用其职务之便把一些本不该为其所有的东西据为己有。也正是因为从事政治成为一本万利的事情，一些人便不惜采取种种卑鄙无耻的手段挤入政治领域中来。于是，那种只要达到目的就可以不择手段的马基雅维利主义成为几乎所有政治家的哲学信条。政治异化严重、小人当道以及政治谋杀、党派之争、金钱交易乃至性交易成为一种司空见惯的现象。难怪高尔基说，政治是“能培植毒辣的敌意、邪恶的怀疑、无耻的谎言、诽谤、病态的虚荣和对个性的不尊重（所有人身上的坏东西都可往上加）的杂草迅速、大量疯长的温床”。正是在这个温床之上，在政治的催化剂的作用下，人类身上的所有坏东西都得到疯狂成长，人性以从未有过的速度在政治这个领域迅猛且疯狂地退化。

民主政体与人性

人就是“魔鬼”，能量巨大而贻害社会。对于早期人类的安全，其前提建立在用奴隶制、封建制这些瓶子将魔鬼雪封起来；而民主就是那个愚蠢的渔夫所干的事情，把魔鬼彻底放了出来。而这个魔鬼一旦放出，就是断然不可能回去了。

在一般人看来，专制政体或者说独裁政体是所有政体中最坏的政体，而民主政体则是所有政体中最好的政体。但如果把专制政体说得一无是处，把民主政体说成是天下一尘不染的“尤物”，则未免言过其实。

用中国现代思想家梁漱溟的话来说，所谓专制政体，就是这样一种政体，在这种政体之下，“是一个人拿主意，并要拿无限制的主意，大家伙都听他的话，并要绝对地听话”。世界上所有国家一开始实行的几乎都是专制政体，这种政体赋予某一个或极少数人以绝对的权力，这些人对广大的民众拥有生杀予夺大权，只要有必要，这些人可以为所欲为，绝不用顾忌芸芸众生的感受。极端放纵的政治欲望，促使这些政治精英经常有意或者无意中就把社会推入一种危险甚至灭亡的境地。绝大多数民众的命运掌握在一小撮人的手中，民众承受着政治动荡、经济滑坡、社会瓦解的痛苦和风险，但终因人微言轻而无可奈何。他们除了采取陈胜、吴广、洪秀全和梁山好汉的做法，以暴力推翻整个国家机器以外，实在是没有别的选择。

我们之所以说独裁政体也是一种好的政体，是因为在这种政体之下，虽然极少数人控制着国家的政权，但从绝对能量的角度来看，一旦出现实质性的对抗，或者说出现严重的政治事件和自然灾害，导致社会出现秩序空缺的情况，极少数人与绝大多数人的对立，也最容易促使政权的更换。许多专制政权在很短的时间之内土崩瓦解就是其最好的证明。许多国家正是在独裁政体下走向灭亡，也有不少国家正是在独裁政体下走向强大。

民主政治在最大限度放开人类智慧的同时，也在放纵着人类的邪念与物欲。民主既是一种最好的政体，也是一种最坏的政体。作为一种最好的政体，民主与寡头政治是截然相反的一种政治选择，这种政体通过设置让多数人决策的机制，可以最大限度防止一小撮人为所欲为，而把国家拖入极端危险的境地；作为一种最坏的机制，原因在于作为大多数的统治者一旦堕落为与那些经常心血来潮的一小撮人的水平差不多的时候，因为这种制度的僵硬性与缺乏弹性，统治者一旦做出毁灭性的决策，社会则将会走向灭亡的不归之路。难怪人们有时候把这种政体称为“暴民的政治”。在群氓心理主宰下的暴民政治中，人们所有的只是权利、私权，而没有义务与公权的概念，人们所追求的是个人欲望毫无限制的发泄，没有诸如秩序与他人的位置。有的学者把这种状况称为“民主法西斯”。

诚然，人民当家做主政体是迄今为止人们能够设计出来的最好的政体。“主权在民”，作为一个宪法原则，被明确规定在几乎每一个文明国家的宪法制度之中。民主是一个神圣的字眼，无论是民主发源地的西方人，还是拥有自己民主方式的东方人，没有多少人敢于直接批评它。

其实，所谓民主，无非表明两方面的意义：其一，民主意味着藐视王权，在民主制度之下，无论是被奉为神圣的天皇、女王，还是那些不可一世的总统、首相、总理们，都不过是国民的仆人，这些人不再是一言九鼎的偶像式人物；其二，民主意味着国家的政治不再是少数人的游戏，对于国家的重大问题，则是由多数人决定的，多数人对少数人的统治是民主的另一个特征。

民主是一枚带刺的玫瑰，它在防范少数人为所欲为的同时，也使那些经常只有他们才能作为真理第一发现者的少数人失去对社会事务的参与权，这些人最多只能保留自己的意见，而无法影响社会的进程。优秀的大脑除了作为孤芳自赏的对象以外，其价值越来越显得虚无。民主在明确授予大多数人决定国家大计，以避免国家命运因经常操纵于少数人之手而陷入危机的权力的同时，也使国家陷入另一个更大的风险，这个风险就是国家经常处于仅仅在数字上占据大多数的所谓“多数人的暴政”的风险之中。

《圣经》认为，上帝的子民虽多，但真正入选者只是少数。柏拉图曾经说过：“大多数永远是不好的。”培根曾经说过：“真理往往掌握在少数人的手中。”爱因斯坦则说：“普通大众的理解力和性格远远低于那些为社会产生有价值东西的少数人的理解力和性格。”总之，按照先哲们的看法，对于一般的大多数人来说，在大多数情况下，他们的行为都是在错误的迷雾中行走，而不是在真理的阳光下前进的。

人民的大多数一旦走火入魔，就变成一群吵吵嚷嚷、鱼龙混杂的乌合之众。民主不能说必然，但也经常导致国家处于智力低下、性格脆弱、极端容易受到操纵的多数民众的左右之下这种僵局之中。尤其是，由于如今的“大多数”在过去经常遭受极少数独裁者的蹂躏，对极少数精英的仇恨如雪融于水一般浸透到他们的血液之中，这种仇恨一旦积聚并爆发出来，其威力比那些过去蹂躏他们的极少数如野兽一般的人还要严重得多！

按照多数人原则进行治理的国家，经常会出现如德国文学家歌德所说的“‘在下者’已成为‘在上者’的暴君”的畸形政治局面。在这种情况下，政治家成为暴民专政可怜的工具，政治决策也从此成为缺乏弹性的东西，一旦由简单的大多数做出决策，则成为无法改变的不可逆的东西。

在古代希腊时期，雅典人实行了一种按照现代人眼光只能算作是贵族民主的一种政治制度。希腊人将这种制度称为“城邦制度”。这种制度赋予每个城邦公民以决定城邦重大事务的权力，希腊雅典的执政官都是由希腊人以一种民主的方式来予以决定。民主促进了雅典的强大，但这种民主制度也最终导致了雅典的灭亡。尤其是，这种民主制度最终走向了以多数人的暴政摧残极少数人真正代表人类智慧的先知先觉者的畸形道路。有哲人精辟指出：“一群狼不容忍一只与众不同的狼（弱狼或强狼），就一定要除掉这个不受欢迎的伙伴。”公元前 399 年，古希腊的民主派以多数人投票形式，以“渎神违教”之罪判处古希腊伟大思想家苏格拉底死刑就是一个典型的例子，委实让古希腊民主制度蒙受永远无法洗清的巨大耻辱。狂热的德国人民也同样是按照严格的民主程序把战争狂人希特勒推向德国总理的宝座，民主制度在德国一度成为专制与独裁的最忠实帮凶。

在被认为最能代表西方民主制度的美国，民主制度同样在发生异化。在美国，即使是最有智慧的政治家也不得不屈服于两种人：一种是高傲的资产者；一种是漂浮不定的广大选民。要想登上美国政治宝座，任何人都得乖乖听命于所谓的广大人民的支配。作为暴发户的美国，造就了充满野心的美国国民，为了自己的利益，他们以法律的形式，驱使着美国的政治家冒着得罪天下的风险而四处挑衅。在美国的民主体制下，诸多注定将引发世界性冲突的政治法律制度都是由美国大多数人所肯定的，没有美国大多数人的支持与纵容，任何一位政治家都没有能力也没有权力实施这些行动。

对极端民主可能产生的危害，美国早期的宪法制定者早有预见。在美国 1787 年的费城会议上，一位来自马萨诸塞的代表埃尔布里奇·格里说的一句话曾经受到来此参加会议的 13 个州的代表一致赞同。他说：“我们遭受的厄运来源于过分民主。人民并不需要善行，但容易受冒牌爱国主义者的欺骗。”是的，在这些早期思想家的眼中，务实的民主主义绝不是建立在对于简单多数原则的迷信的基础之上，而是建立在既信任人民又对人民持一种不信任，既信任精英又以一种异样的眼光审视着精英的基础之上。这些聪明绝顶的宪法制定者通过种种玄而又玄的设计，千方百计防止议会上院和下院同时被某一个利益集团控制的局面出现，足可以反映这些美国人的高明。也因此之故，美国宪法在20世纪遭到许多法律学者的猛烈批评。美国学者J.艾伦史密斯在其1911年出版的《美国政体的实质》中把美国人引以为自豪的美国宪法批评为“一种反民主的反动”，是“反对多数人的统治”，“简直就是一起阴谋的产物”。不过在一轮又一轮的民主狂热下，已经没有多少人能够理解早期那些杰出美国人的良苦用心了。

英国思想家卓特（William Trotter）研究发现，来源于大多数人的民主本能追根溯源来自于弗洛伊德所发现的阴暗的下意识。他将这种本能说成是一种“模拟的、怯懦的、残忍的以及易受影响的”一种无理性可言的力量。在这种本能支配下的所谓的选民们并非什么民主理想的追求者，其政治觉悟与对日常事务的辨别能力并不比那些中世纪的贵族与现代个别国家的无赖政客们好到哪里去。

如此素质低下的大多数经常在那些煽动情绪的政客的蛊惑之下而辨不清东南西北。另一种情况则是，面对武断的民意，即使是一些颇有良知的政治家也不得不委曲求全，去迎合各种以大多数人的意见出现的民意。

无数历史事实表明，两次世界大战并非少数政治家蛊惑民众的结果，而是相反。对此，中国的思想家辜鸿铭等人都有清醒的认识。辜鸿铭曾经如此指出：“并不是那些当权者、军人和外交官们把无知的人民引入了这场战争，而恰恰是那些无知的民众，驱使和推动着那些可怜的、无能为力的统治者、军人和外交官走向战争。”在论及这两次世界大战的原因时，也有学者更是直截了当地指出：“事实上是欧洲的人民引导着他们的领袖互相残杀。”

第一次世界大战之后，美国总统伍德罗·威尔逊在目睹了第一次世界大战的毁灭性的悲剧之后，以总统的权威、学者的博识、传教士的精神、先知般的预言，为世人开出了具有浓厚理想主义的方案。此方案的具体内容体现在1918年1月8日对美国国会发表的“十四点计划”中，包括：公开外交、公海航行自由、贸易自由、全面裁军、公正处理殖民地争议、民族自决、恢复比利时、撤出俄罗斯领土以及建立国际联盟等。很明显，构成威尔逊主义的这些东西，无论在当时看来，还是在今天看来，都有益于世界秩序的建立。威尔逊本人也因此获得著名的诺贝尔和平奖。但是，美国这些精英们的意见与已经被国家利益至上冲晕头脑的美国大多数人的意见是背道而驰的。“总统走的是一条道，而国会、选民事实上走的是另一条道，直至只有他一个人坚持着”，便是对威尔逊“孤家寡人”可怜处境的最生动的描述。威尔逊在游说美国人民的道路上中风，并永久退出政治舞台。他的所作所为被攻击为“天真”“幼稚”。为了游说美国人民理解并支持他的决定，他曾经拖着重病之躯穿行在美国各地，但他最终还是被美国人像扔垃圾一样扔掉了，不得不屈服于美国大多数人的意志之下。他本人甚至成为当时人们挖苦与嘲笑的对象。

已故以色列总理拉宾和后来的沙龙并非天生就是嗜血如命的“推土机”式暴君，这些人要想成就自己伟大的政治理想，不得不长期掩盖自己的真我，而按照国民的意志行事。美国政治家们如今推出的诸多野蛮践踏蹂躏国际规范的行为，也是在美国绝大多数人的怂恿和明确授权之下做出来的。

建立在经济发展与科学发展之上的民主制度也是随着社会的进化而不断进化。人类最早实施的民主制度实验的应该以古雅典实施的城邦制度为代表，其后当以 15 世纪以后欧洲国家实践的代议制民主为代表，而未来的民主制度将可能立足网络技术而走向直接民主。

历史的经验一再表明，民主与所谓的和平没有任何联系，那种以为在全球范围推广民主制度就可以消除战争的说法实在是一种谬论。美国政治家亚历山大·汉密尔顿曾经说过："斯巴达、雅典、罗马、迦太基全都是共和国，其中雅典及迦太基还是商业国，但他们打仗的频率，不论是侵略或防御，绝不亚于同一时代的君上政体邻国。英国政体中有平民代表组成国会中的议院，商业也是英国数百年来最主要的目标，然而少有其他国家像它如此作战频繁……"20 世纪作为一个"死亡世纪"，首先引发这两场战争的国家大多是一些所谓的"民主国家"。英国历史学家阿诺德·汤因比所指出的"民主越垒越'民族主义化'和丧失人道精神"，在 20 世纪初表现得最为明显。这再次表明，到目前为止，人类还无法驾驭代议制民主制所可能带来的灾难。

至于直接民主制度，人类只在个别地方，如欧洲的瑞士，以及其他极个别的地方有所实践。对于如何实践直接民主制度，防范直接民主蜕变为最大规模、更加难以控制的暴民政治，人类还仅仅是乳臭未干的后生，因此，要人类科学预见、有效驾驭未来直接民主制度所可能带来的社会危机，简直如同要求一个孩童去撰写像大英百科全书那样的鸿篇巨制一样荒唐可笑！而这恰恰就是人类面临的最大风险！

自由主义与人性

成为社会与他人的主宰，而免于社会与他人对自己的干预，简言之，控制别人而不为别人所控制，便构成潜伏在人类灵魂深处的所谓"自由主义"本能。柏拉图在其《理想国》中把这种自由主义本能称为"我们天性中的狂妄不羁和兽性”，并用让人不免有一种不寒而栗的语气写道：“我们天性中的狂妄不羁和兽性在我们吃饱喝足之后，突然跳出来，赤身裸体地到处乱跑，什么厚颜无耻和违反自然的事情——哪怕是乱伦和弑父都干得出来。”毫无疑问，人类自由本性的滥用与失控，必然会最终摧毁人类赖以生存的世界，其恶果是把人类引入，而不是引出或者越过坟墓。

正是出于这种对人类命运的终极关怀，人类最早也是最伟大的哲学家柏拉图，于是对古雅典时代实施的让那些才智平庸、毫无主见而迷信暴力的平民参与国家管理的所谓民主制度予以强烈谴责。柏拉图把这种政治谴责为“群氓”政治，是一种“毫无作为的虚无的东西”。综观人类五千年的发展，我们深深为这位伟大哲学家的真知灼见而折服。他对人类低下本能泛滥成灾的警觉，对雅典民主游戏的指责，实在与其出身名门的高贵血统无关，也同样与其恩师被雅典民主派判决饮鸩服毒自杀无关。

人类在其漫长的历史长河之中，因受到自然条件的约束，而长期处于一种极端不自由的状态。法国思想家卢梭的名言，即“人，生来自由之身，却无处不披枷戴锁”，成为萦绕在人类心灵周围挥之不去的幽魂。

作为对这种压抑的反抗，人类一直就在与各种压制自由的种种压迫，如自然压迫、政治压迫、经济压迫、阶级压迫、宗教压迫、种族压迫、性别压迫、分工压迫以及形形色色的精神压迫进行着殊死的搏斗。中国自由主义思想家胡适曾经论证说，作为一种主义的“自由”二字，其实并不是什么洋货，而是不折不扣的中国货。“自由”二字来自中国古代汉语中的“由自”，即“由于自己”，“由自己做主”。此种研究虽然有点牵强附会，但毕竟也能自圆其说。

古希腊雅典直接民主制度的实施、英国维多利亚时期人类生活的自由浪漫、如今遍及全球民主制度的普及，乃至各种追求与研究人类本能的学术，诸如弗洛伊德的性心理哲学，海德格尔的存在哲学，马斯洛的人本哲学，尼采、叔本华等的意志与超人哲学，以及认为“人类只苏醒了一半”、主张人类具有无限潜力的当代美国威廉·詹姆斯主义，都是人类对自由主义追求的产物。当然，把建立作为“自由人的联合体”的共产主义社会的马克思主义更是如此。

古希腊哲学家亚里士多德说：“人是一种政治动物”，在这个阶段，人类对自由的追求就集中体现在人类追求最大限度地介入社会生活。在伯里克利时期的古雅典国家，所有公民，只要他们有能力并且积极参加集体事务，无论贫富，都有资格参与国家的管理。雅典城邦的所有公民都有权利参加选举和表决，其民主化程度比今天实行的代议制民主要民主很多倍。总之，在人类早期，人类对自由主义的追求，其核心是实现人类作为国家与社会的“主人”，而对国家与社会生活进行直接干预。

而到了19世纪的欧洲，人类对自由的理解则发生了质的变化。人类所强调的不再是那种对国家政治生活的干预，而是如何最大限度维护个人的独立空间。从这个角度来看，19世纪的欧洲，尤其是19世纪的英国维多利亚时代，堪称“自由主义文明的历史范式”。重温西方学者A.J.P.泰勒对维多利亚时代的描写，我们可以充分感悟到那个自由主义时代给人类自由主义理论与实践所带来的新鲜领会。

人类对自由主义的追求，其核心是实现人类精神与社会生活免受任何政府干预的绝对自由。

为了实现人类从“必然王国”向“自由王国”过渡，为了让人类成为自然界的主人，人类一直在朝着绝对释放自己的天性、放纵绝对自由这个目标前进。如今，虽然因各种条件的制约，人类事实上处于各种约束之中，但在人类的理想之中，所有人类都几乎成为一种可以为所欲为的超级动物。如今主宰人类的哲学不再是所谓的道德伦理，不再是所谓的社会规则，而是一种超级的自由主义。

是的，正如法国思想家阿兰·卡耶等人在其《走向丧失人性的世界》中所指出的那样，即“今天能够被接受的只有人的无限可塑性观念，也就是说，让每一个自由的个人摆脱所有集体接受的规范，而按照他自己的方式来塑造自己。或者更确切地说，就是反对一切规范，因为只有同规范对抗才能成为自由的源泉和证明”。如今的人类，已不再是那些匍匐在大自然威力之下的无奈生灵，而是那种连做梦都想翱翔在绝对自由巅峰的人类！

人类何以走到这种境界？首先与人类创造财富的经济模式，即市场经济有关。在解决满足人类最重要的物质生活需要的财富创造上，人类否定任何形式的人为干预，而主张由所谓的非人性的“看不见的手”所左右的市场经济，作为理想模式。出身于前捷克斯洛伐克的剧作家维克拉夫·哈韦尔曾经以诗一般的梦幻语言写道：“市场经济是唯一自然、合理和能够带来经济繁荣的经济，因为它是唯一能反映生活本质的经济。生活的精髓在于它无穷无尽和神秘多样。因而，就生活的完美性和变幻性而言，任何中心人物的智慧都无法加以涵盖和设计。”操纵和主宰现代地球人经济生活的，是人类自私自利的本能与相互利用的本能。英国经济学家亚当·斯密曾经用“看不见的手”来代表这种东西。他在其著名的《国富论》中写道：“我们每天所需要的食物和饮料，不是出自屠户、酿酒家和面包师的恩惠，而是出于他们自利的打算。我们不说唤起他们利他心的话，而说唤起他们利己心的话，我们不说我们自己需要，而说对他们有好处。”正是在这只神秘的“看不见的手”的操纵之下，我们这个世界在全面地异化，或者说在全面地畸变。

马克思和恩格斯在其著名的《共产党宣言》中对所谓的“资产阶级”及其所属社会的批判完全适用于对目前这个社会的批判。在这种社会中，人类千百年中培养的人与人之间的田园诗一般的关系被摧毁殆尽。人与人之间，除了赤裸裸的利害关系，除了冷酷无情的“现金交易”，再也没有任何别的关系了。在这种国家与社会之中，那些所谓的“宗教虔诚”“骑士热忱”“小市民伤感”等诸如此类的情感，都无一例外地淹没在利己主义的冰水之中。人的尊严蜕变成为交换价值，各种“没有良心的贸易自由”取代了“无数特许的和自力挣得的自由”，各种“公开的、无耻的、直接的、露骨的剥削”代替了宗教幻想和政治幻想。在这种社会模式之中，各种职业都变质了。在这种模式之下，一切向来受人尊敬和令人敬畏的职业的神圣光环都被抹去。医生、律师、教士、诗人和学者都变成了只要出钱就可以买来的劳动者。笼罩在家庭关系之上的温情脉脉的面纱也被彻底撕掉，公开的通奸和卖淫充斥在社会的各个角落。在这种社会之中，一切都处于剧烈的变动状态。“一切固定的僵化的关系以及与之相适应的素被尊崇的观念和见解都被消除了，一切新形成的关系等不到固定下来就陈旧了。一切等级的和固定的东西都烟消云散了，一切神圣的东西都被亵渎了。”每个人既是自己的上帝，又是他人的上帝。每个人要服从的就是他自己。

其次，人类走到今天，也与人类迷醉于征服一切、超越一切的狂妄意识有关。中国学者曾经用“极端现代化意识形态”来形容这种心理。在这种心理支配之下，所谓的大自然只不过是一些可供人类在手里捏来捏去的小玩意，人类可以改造自然、操纵自然，就连人类自身也被看成可以进行随意组装的机器，人类可以根据自己的意愿对人类自身进行组装、修理、完善。在人类的幻想之中，只要拥有充足的零配件，即人类器官，人类完全可以随意对其自身进行修理，而保持人类的永生。

在第二次世界大战期间，一些西方国家企图通过改造人类的基因组来净化人类就是这种心理的表现。科学的滥用就是这种心态的最集中的表现。

数字化生存模式如今成为人类最为自豪的生存模式。那种以最低廉的成本来谋取最大利益的机械法则左右着人类的一切。左右人类生存的，不再是什么道德原则，不再是什么法律规范，而是一切服从利益最大化的经济法则。

无休无止的“启蒙”与“解放”，把人类锤炼成为一种自认为无所不知、无所不晓而自我崇拜的特殊动物。苏格拉底曾经说过：“我一无所知。”人类中真正有这种自知之明的实在是寥若晨星，甚至说如同已经绝种的恐龙一样。自卑于面对大自然时的渺小，人类总想创造出一种梦幻中无比强大的自己。久而久之，人类已经堕落成为一种精神分裂型的超级自我崇拜狂人。

人类或许从未想到，在人类无数次改造自己、改造自然的壮举的背后，经常孕育着人类巨大的灾难。人类那些无数企图把地球建设成为天堂的行动，往往把我们的地球弄成地狱。我们实在找不出别的办法来解释这种现象，我们只好认为，人类的基因天生就是狂妄而不知天高地厚的，而所有那些在地球上东奔西跑的人类不过是这些绝对自私的基因进行自我繁殖的载体和温床而已。绝对的自由意味着绝对的灾难。在这个被无数个神秘的未知数左右的世界，其走向灭亡也并不是完全可以避免！

当代文明在给人类创造更多财富的同时，也把一种纵欲主义的病态文化传染给了世界。许多国家的政治家和其属下的人民天真地认为，重商主义是一种包治百病的灵丹妙药，任何国家只要采取西方的资本主义经济模式，就可以快速挤进发达国家行列。到那时，美国前总统国家安全事务助理、著名学者布热津斯基所说的“一个什么事情都允许发生，什么东西都可以拥有的社会”很快就可以实现。这个比共产主义还共产主义的理想社会，促使人们的消费模式、消费理念早早地与西方接轨。“设想中的社会能够近乎神奇地满足个人的渴望，且无须强制。它可以放任无度——的确。它必然会是放任无度的——因为物质极大丰富的社会可以满足一切要求，而且是在高度个人化的基础上满足一切要求。既然可以满足所有的欲望，因此，一切的欲望也就同样是好的。由此可见，没有必要实施强制，也没有必要进行自我克制。”

在这种乌托邦主义幻觉的刺激之下，以无限制浪费为特征的落后生活方式成为社会的主旋律。人们所追求的不在于生活好与不好，其目的仅仅在于占有，占有就是一切！在消磨生命中享受感官的刺激就是一切！在这种社会中，什么社会道德，什么社会规范，什么社会责任，都见鬼去吧！人们所见到的除了为所欲为就是为所欲为，为了获得自己想得到的东西，人们什么伤天害理的事情都可以干得出来。

这种文化主宰下的地球能平安地存在多少年，实在是一个未知数！

第50章

论人性的本质

人类的天性就是以自我为中心，神化自己，而相互藐视。这个倾向和本能，不过在那些世界性帝国的身上表现得更加突出、更加明显罢了！

亚里士多德在《政治学》中提出，寒冷地区的民族大多精神充足而富于热忱，他们虽然能够长久保持自由，但缺乏管理他人之才德。亚细亚民族虽然擅长机巧但精神卑微，常常屈为臣民甚至奴隶。在希腊人的眼中，唯有希腊人才具备理想城邦所要求的公民品质——既富有理智又富有精神。总之，唯有希腊人才是文明人，才具有成就善业的美德，而那些外国人，都是一些“天生的奴隶”，不可能成就什么善业。

作为一个整体，欧洲白种人向来极端自负。从他们编写的历史教科书中，我们就可以感觉到。美国历史学家海斯、穆恩、韦兰在其编写的《世界史》中如此写道：“从伯利克里和恺撒的时代直到现在，历史的伟大戏剧中的主角，都是由欧洲的白种人担任的。”唯有欧洲才是世界文明的摇篮，才是人类进步的源泉。对于欧洲人来讲，“要引导千百万的陌生人走上欧洲文明和进步的道路，是一个负担，而且是一个沉重的负担”。①

葡萄牙帝国在曼努埃尔国王（1495—521 年）统治时期达到鼎盛，当时的一位诗人豪情万丈地写下如此诗句，足见葡萄牙人的自信。葡萄牙人骄傲地宣称，葡萄牙人的声音将传遍天涯海角，由于葡萄牙人的奋斗，在从直布罗陀到遥远中国的广阔大地上，人人得以通晓基督的教义。他们以葡萄牙人的名义向全世界宣布：

我是最伟大的人，
把世界踩在脚下！
我财大气粗，
拥有无限的权势；
我是权杖、王冠和王位，
能使大地和海洋颤抖！
我的威名远扬，

①[美]斯塔夫里阿诺斯. 全球通史——1500 年以前的世界[M]. 上海：上海社会科学院出版社，1992：39.

家喻户晓，

归根到底，

我就是葡萄牙，

我比整个世界都大！①

一个欧洲边陲的蕞尔小国能在短时间之内一跃而成为世界级的帝国，没有这种自信是不可能的！

黑格尔眼中的欧洲才是人类文明的集大成者，在他看来，唯有日耳曼民族才有能力做“精神高等原则的负荷者”，因此，“日耳曼精神”就是新世界的精神。

到了希特勒时代，德国人的自信更是达到一种病态的程度。在德国人看来，犹太人、疯子和斯拉夫人，一个比一个低等，斯拉夫人和犹太人都是无可救药的民族，他们都是一些奴隶，都是患了癌症必须予以灭绝的对象。德国人把俄罗斯人描述成为试图摧毁欧洲文化的蒙古人的后裔，而将英国人描述成为永远是“不可靠的杂种，是黑人与棕色人种的联盟”。②

即便在当初只是一个位于大西洋西海岸的由殖民地而独立的松散联邦时，面对咄咄逼人的欧洲列强，美国的领导者就认定美国是“摇篮中的巨人”和“帝国的胚子”。在美国的先驱们看来，美国的立国原则不仅比18世纪和19世纪欧洲腐朽的君主制优越，而且比人类历史上任何国家和政府的观念都要先进。在美国人看来，“欧洲的体制是腐朽的，战争是这块大陆上的病态表现，欧洲人只能为这种困境负责”。欧洲只不过是让美国和人类付出沉重代价的世界战争孵化器。美国的早期先驱们，如华盛顿、汉密尔顿、富兰克林和杰斐逊

①[葡]J.H.萨拉依瓦.葡萄牙简史[M].北京：中国发展出版社，1988：175-177.

②[英]马克·B.索尔特.国际关系中的野蛮与文明[M].北京：新华出版社，2004：111.

等人就认为，北美大陆一定会被征服，美国的财富和人口将会增长，年轻的共和国终究会有一天主宰西半球并立于世界强国之林。杰斐逊预见美国将建成一个辽阔的“自由帝国”。汉密尔顿相信，“不久，美国会凸显出与其命运相匹配的特征——宏伟、高效、运筹帷幄。它面临着光辉的事业”。[①]

美国人一向以人类利益的代表自居，本杰明·富兰克林称：“美国的事业就是全人类的事业。”

日本人向来有一个迷信，他们一向认为他们的国体、他们的民族，是世界上哪里都找不出来的，是万能的神灵创造出来的。他们的皇帝是神的直系子孙，所以能够“万世一系天壤无穷”。[②]

在日本人看来，世界就是一个国，国就是一个家，既然一个家中是一个金字塔结构，有主有仆，那么在这个世界上，也应该有主人和仆人之分。这是自然界和人类社会中最基本不过的规律。在日本人的眼中，处于世界金字塔，最起码在亚洲这个金字塔结构中，日本就是那个居于金字塔顶部的主人，而其他国家都是只配听日本调遣的国家。正因为如此，在亚洲所有国家中，唯有日本人才能引领亚洲人民打败西方列强，才能确保亚洲从西方殖民者的手中解放出来，而走向独立与自由。

自信构成人类生存和发展的基础和前提，人类不是在自信中获得永生，就是在失却自信中走向灭亡！

但是，任何自信都不应该是那种盲目的自我崇拜，相反而是一种理性的自信，那就是能够冷静地看清自己与其他人的差别，并能迅速将别人的优势转化为自己的竞争力。这种外来优势的摄取，大致有两种模式：

---

①[美]罗伯特·卡根.天堂与实力——世界新秩序下的美国与欧洲[M].北京:新华出版社,2004:133-134.

②戴季陶.日本论[M].北京:九州出版社,2005:5.

一种是强取豪夺，为我所用。欧洲列强往往采取这样的方式。

一种是实施东方“柔术战略”，无形中将他人的优势转化为自己的优势。日本人是这方面的高手。日本人自信自己的伟大，但是日本人也遵循“能者为师、强者为师”的哲学，只要是别人强于日本，日本人立即跪拜于前，随时低下头颅。

第51章 人性之恶及其极限

基因决定人性

关于人性的恶，我们可以从两个方面得到解释，一个方面就是从基因的角度，另一个方面就是从进化的角度。

基因是构成生命最基础性的遗传物质，生命之所以能够得到不断的延续，就在于作为其最基础组成部分的基因具有一种永恒的自我复制功能。基因在自我复制的过程以牺牲周围物质世界中的物质能量为前提。在基因的本性上，从来就没有利他主义的成分，因此我们说，基因的本性就是自私的，就是极端利己的，没有这种利己主义的本性，它就不可能生存下去，就连我们人类的生命本身也不过是基因不断复制自己的载体而已。而正是这具有双螺旋形状的基因，决定了人在自然性上必然是自私的。任何说人性是善的那些说法，都不过是一种人类出于自我安慰而自欺欺人的说教而已。

延续人类千万年“香火”的，就是被称为“基因”的一种遗传物质。人类的基因与人类的精神之间到底是一种什么样的对应关系，确实是人类关心的一个悬而未决的问题。长期以来，人们习惯于认为人类的性格、意志等精神现象是由其独特的生活经历和周围环境所造成的，“近朱者赤，近墨者黑”，或许就是这种观点的代表，但最新的科学研究却持有完全不同的理解和看法。通过大量的科学研究，人们越来越把意志、意识和人的性格等精神现象，看成人类遗传物质即基因的生物学机能了。

在一个多世纪以前，一位英国生物学家甘顿（Galton）比较了 35 对生下来就很相像的双生子和 20 对生下来就不像的双生子。如果用今天的科学用语来说，前一双生子叫同卵双生子，是由同一个卵子受精以后分裂而成的，基因是 100%相同，故也称为单接合体。而后者则是异卵双生子，是两个不同的卵子受精之后，生长在同一胎盘上，故又称为双连接体。根据比较得到的结论是：同卵双生子，从小到大长得都一样，不但长相如此，就是他们的性格、才智、兴趣和职业倾向都如出一辙。西方学者汉默（Hamer）和科普兰（Copeland）给我们介绍了另一个有趣的案例：有一对同卵双生子在出生以后就被分开养育在两个不同的家庭之中，过 39 年之后兄弟相逢，见面时身高和体重一模一样，面貌相似得令生人难以分辨。更令人惊奇的是，他俩都是结婚两次，前妻的名字都叫琳达（Linda），现在妻子的名字都叫贝蒂（Betty），两人各生一子，一个叫杰姆·阿兰（James Alan），一个叫杰姆·阿伦（James Allen）。他俩年轻时都爱养狗，就连狗的名字都一样，叫道格斯·汤（Dogs Toy）。他俩都吸同一品牌香烟，且都爱喝同一品牌的啤酒。此案例告诉我们，同卵双生子即使是生长在不同的环境中，其相似处也与生长在一起几乎没有什么区别。此案例还告诉我们一个道理：基因不但决定人的面貌，也决定着人的行为与天性，即人性。1996 年年初，美国著名的《自然遗传学》杂志刊登了两份研究报告，一份是一群志愿者的问卷式性格调查，另一份是对他们的血液进行的基因分析。这两份研究报告分别由美国国家癌症研究所所长海姆带领的研究小组与以色列赫兹格纪念医院的理查德·艾泼斯坦博士为首的研究小组提出。他们指出，那些富有冒险精神和容易兴奋的人，其大脑中的 D4DR 基因，比起那些比较冷漠和沉默的人来说，结构更长。以色列研究小组对 124 名志愿者进行了问卷式调查，美国对 315 名志愿者进行了问卷调查，他们得出的结论是：D4DR 基因较长的人在追求新奇上，要比 D4DR 基因较短的人高出一个等级。美国得克萨斯大学经济学家温·费韦贝赫和阿姆斯特丹大学的恩里克·普鲁格则通过大量实证研究得出如下结论："家庭和社会环境只会对学生日后的成功产生 25%的影响力。"也就是说，基因因素对人类的性格和意志发挥了 75%的决定性作用。

虽然上述研究的结果不尽相同，但有一点是共同的，即基因在很大程度上决定着人类的本性。DNA 双螺旋结构的发现者、诺贝尔生理学或医学奖获得者沃森曾经以一种绝对毋庸置疑的口气说过："过去我们认为自己的命运存在于我们的星座中。现在我们知道，在很大程度上，我们的命运存在于我们的基因中。"西方科学家里夫金（J.Rifkin）的那本名著的名字也说得再明白不过了，这本书叫《生物技术世纪——用基因重塑世界》。或许正因为如此，美国赖斯大学教授、诺贝尔化学奖得主柯尔（R.Curl）才会提出："20 世纪是物理学和化学世纪，而 21 世纪无疑是生物学世纪。"科学家们指出，D4DR 基因之所以对人类的性格产生决定性的作用，原因在于这种基因含有遗传指令，它能够直接支配和刺激人类的神经元素，其媒介就是一种被称为"多巴胺"的化学物质。多巴胺能够激起人类敢于冒险、寻求新奇的欲望。对此研究的科学性到底如何，笔者不敢妄加评判，但基因与人类精神活动之间的对应关系已越来越获得人们的一致认可。当然，笔者认为需要予以强调的是，尽管基因无疑对人性具有本质性的决定作用，但如果完全忽视外界环境与人类可能存在的自由意志的作用，而把人类贬低为一种完全被 DNA 双螺旋控制的无助的玩偶，或许又走向了另一个极端。

曾因发现 DNA 双螺旋结构获得诺贝尔奖的美国科学家詹姆斯·沃森是一个彻底的基因主义者，在他看来，“我们是独特的物种，是具有意识、创造力、占有优势又具破坏力的生物，原因都在于我们的 DNA”。既然基因的本性是自私的，而人类的本性则是由基因所决定的，那么，我们人类从本性上讲就是自私的。

根据达尔文主义理论，我们人类无论是与那些和我们形状上相似的动物，如黑猩猩、大猩猩、猩猩，还是与那些和我们几乎没有多少相似的其他动物，如老鼠、乌龟、海象等，都具有或远或近、或直接或间接的血缘关系，我们之所以从“动物世界”中崛起而成为万物之灵，说到底是大自然选择的产物，也就是说，在残酷的生存竞争中，我们现代人不仅要与那些猛虎野兽斗争，还要与恶劣的环境斗争；我们不仅要与外部世界斗，还要与自己的同类进行斗争。唯有我们人类拥有能征服其他物种而主宰世界的能力，正是这种血腥的生存竞争，决定了人类必然是一个比其他任何物种都要血腥的物种。在我们人类眼中，没有什么东西不可以征服，没有什么东西不可以毁灭，久而久之，在这个弱肉强食的食物链之中，人类一跃而成为最残酷的物种。我们的人性就是在这种血腥的竞争中逐步培养出来并逐步得到强化的。因此，除了极端的恶以外，人性中不可能有太多的东西。人类所附加于自己身上的所谓的善，都不过是如水中月、镜中花般的幻觉而已，千万不要信以为真。

人性的哲学解释

人类的精神现象神秘莫测、变化多端，看不见、摸不着，缺乏超常智慧是不可能进入这个特殊的领域。在东方文化的桂冠上，中华文明与印度文明是两颗最璀璨夺目的明珠。印度人早在公元前3000年之前就开始了对人类灵魂世界的探讨。记载着印度人这种“冥思”“科研成果”的《奥义书》，其最重要的部分则是出现在佛陀，即释迦牟尼在世和传教之后，时间是在公元前500年左右。

佛陀乔达摩（约公元前560—前480年）出生于释迦部落的贵族家庭，其父辈与其他家族共同统治着靠近强大的乔萨罗国附近的迦毗罗卫小王国。这个小王国地处终年积雪的喜马拉雅山之下，远远望去，山巅皑皑白雪晶莹闪烁，世外桃源、人间仙境也不过如此。佛陀19岁就与美丽动人的表妹结婚，不久即喜得贵子，其子名唤罗侯罗。他在阳光明媚、树木葱葱、水渠密布的酷似天堂的小天地里，尽享尘世间贵族生活的荣华富贵。

对于一个注定将成为人类精神导师的伟大头脑来说，庸人们的世俗生活不会让佛陀沉醉其中，更不会让他腐化堕落。他意识到，衰老、疾病和死亡对于每个人来说，都是一个无法逾越的屏障。每想到这一切，就让他失去对生活的所有信心。为了摆脱这一切，求得解脱，纵使其父母痛哭流涕，百般劝阻，他最终还是抛妻别子，落发断须，隐遁山林。每天他是舌顶着上颚，凝神悉心，殚精竭虑，苦思冥想，以求“正觉”的到来。但一切都是徒劳，骨瘦如柴的佛陀并未得到梦寐以求的“正觉”。这时他领悟到的则是：真理虽然隐藏在苦行之中，但苦行终究只是苦行，一味强制自我将一无所获，用这种近乎迷信的方法去企图获得永恒的真理无异于缘木求鱼，即便身心俱焚，尸骨化淤，终将一无所获。于是他开始大量进食以恢复体力，在没有苦行的情况下练习真正的禅定功夫。一天晚上，正当他在一棵无花果树（菩提树）下休息禅定时，忽然眼前一亮，刹那间醍醐灌顶，茅塞顿开，自此宇宙之万般实相，生命之终结本质，在这个伟大的大脑中已彻底获得终结性的领悟。

佛陀终于明白：人间本来就是一个地狱，一切的一切都可以用一个“苦”字来予以说明。生是苦，老是苦，病是苦，怨憎是苦，爱而别离是苦，求不得也是苦。人生何以如此之“苦”？其根本原因在于，人类跟其他众生一样，处于盲目的“无明”之中，人为其执着之物所迷惑，人为流转于世的空幻之物所迷惑，成为一个被“欲望”牵着鼻子走的而无异于行尸走肉一样的东西。佛陀继续告诉人们：左右并将毁灭人类的贪欲包括三大方面，第一种是食欲、贪欲和一切感官上的欲望；第二种是个人的、利己的、不愿死亡的欲求；第三种是个人的成功欲、名利欲和贪欲。笔者无意在此详细介绍佛陀的教义，只是强调，在佛陀看来，人类罪恶的欲望深深扎根于人类的生命之中，唯有仰仗所谓的“涅槃”，即佛家式的死亡才能消灭这种欲望。佛陀对生命本质的解释完全是一种冥思苦想的产物，但谁又能否定他的“冥想”已经触及了人类最原始生命之本质？佛陀对生命意志的解释是完全原创性的，其后诸家对这个问题的研究，在某种程度上讲都不过是对佛陀学说的深化与另类表达而已。

叔本华是在继承古印度哲学家意志哲学的基础上对此进行深入研究的学者。就其最终结论来看，叔本华并没有超越古印度学者们。古印度学者毫无疑问是叔本华的先祖大师，而古印度梵文思想文献《吠陀》和哲学经典《奥义书》（也称《邬波尼煞昙》），尤其是后者无疑是叔本华的启蒙读物和终极思想归宿。但与古印度哲学家比较起来，叔本华在两个方面的研究确实非常明显。他对人类意志本质的阐述是以一种有史以来从未有过的文风来进行的。

1818年出版的《作为意志和表象的世界》中以如此空前直率的语言告诉世人：哲学家们认为人是一种理性的动物，心灵的本质在于思想与意识。其实，这是一个千古以来最普遍的错误，也是一个巨大的原始谬论。恰恰相反，那种有意识或无意识的“意志”，才是人类奋斗不懈、百折不挠的生命力，才是一切欲望的根源。人类不过是一种在意志这只“无形的手”牵引下蹒跚前进的“跛者”和玩偶而已。

叔本华透过千姿百态的大自然与人间万象，悟出意志的普遍性。意志是存在的本质，它存在于一切物质之中，“在植物中出芽成长的力，结晶体形成的力，使磁针指向北极的力，从不同金属的接触中产生的震动传达于他物的力，在物质的亲和作用中表现为趋避分合的力，最后还有在一切物质中起强大作用的力，如把石子向地球吸引，把地球向太阳吸引的力，——把这一切一切只在现象上认为各不相同，而在其内在本质上则认作同一的东西，认作直接的，如此亲密的，比一切其他事物认识得更充分的东西，而这东西在其表现得最鲜明的地方就叫作意志。……一切表象，不管是哪一类，一切客体，都是现象。唯有意志是自在之物。作为意志，它就绝不是表象，而是在种类上不同于表象的。它是一切表象，一切客体和现象的可见性与客体性之所出。它是个别事物的，同样也是整体的最内在的东西——内核。它显现于每一盲目地起作用的自然力之中，它也显现于人类经过考虑的行动之中。”

总之，只有意志才是康德“理性批判”哲学体系中的“自在之物”。意志存在于自然之中，同样存在于人类的行为之中。左右人类行为的意志与支配自然的意志，其不同之处仅仅在于程度的不同。大自然背后的意志，是一种相对有限的意志，普通物种背后的意志，是一种特别容易满足的意志，而对人类则不然，人类身上的意志力，无论其强度，还是其爆发力都是其他物种所不可比拟的。从某种意义上讲，人类是一种意志力最为强大的物种。正是这种无与伦比的意志，决定了人类必然成为万王之王、万主之主，也决定了人类必然因此而具有一种走向毁灭危机的物种。

左右和主宰人类的，首先为了是谋取生存、追求永生，而与死亡做殊死搏斗的“生存意志”，其次是那种以性欲为核心的、追求个体和种族“香火”得以无限绵延的“生殖意志”。在人类的意志图谱之中，性的意志是其最核心的部分。那些贮存在人类精囊之中，用肉眼根本无法看见的蝌蚪形精子之所以要不断寻找其该去的地方，原因在于乳白色的精液之中隐藏着不可遏制的繁殖生命的原始本能。人类常常会采取手淫、嫖娼以及其他诸多甚至可能招致政府打击的变态方式来求得性的发泄，足见这种内在欲望的强大和不可遏制。在人类的生活中，性的关系是战争的原因，也是和平的原因；它是严肃正经事的基础，也是戏谑开玩笑的目的；它既是智慧无穷的源泉，也是一切荒诞幻想的关键。总之，性的关系，犹如一个最霸道的君主，永远居于世袭君王的宝座，居高临下地统治着世间所有凡人。

亚里士多德在其《形而上学》中曾经引用过一首据说是古希腊诗人巴门尼德斯的诗。该诗如此道来：“如同每人有屈伸自如的肢体结构/与此相应，在人们中也住着心灵/因为精神和人的自然肢体/对于一切人都相同，因为在这以上/有决定性的还是智慧。”与别人看法不一样，在叔本华看来，此处的“智慧”就是他笔下的“意志”。意志是凡间的“玉皇大帝”，大脑与人类的生殖器官是执行这种意志的“哼哈二将”。或许许多人根本意识不到，就连我们的肉体也是意志的创造物。在意志的驱动下，血液在胎儿的体内掘沟建造它自己的脉管，这些沟槽逐步加深而合拢起来，构成了动脉和静脉。人类求知的欲望建立起了脑髓，抓拿的意志形成了手臂，而我们的消化系统则是饮食意志的“私生子”。人间的诸多血腥事件则都是在人类毁灭一切的自杀性或他杀性意志的主导下发生的。

因此之故，与佛陀所判断的那样，叔本华也意识到，在意志主宰下，我们的世界必然如地狱一般让人类痛苦不堪。在意志这个粗暴君主的统治下，每个人都是那种为自己的利益而鏖战到底的斗士，每个人都是狼，世界就是一个奉行“森林法则”的狼的世界。人们无助而绝望地生活在这个地球上，只有那些精神错乱患者和自杀者才能彻底摆脱这个世界所强加给人类的痛苦和绝望。而企图利用所谓的哲学、艺术、宗教来净化人类的意志，以盼达至佛陀哲学中的涅槃境界，则是远水不解近渴的无奈之举。

值得一提的是，与其他学者不同，叔本华窥见到人类意志与遗传机制和我们这个“痛苦的世界”的内在关联。在叔本华看来，意志是人类，乃至一切生物、一切非生物的本质。人类正是通过各个不同时代的祖先之间的代代相传而把这种意志传递下去，永远不灭。用今天的话来讲，基因是执行这种传承任务的载体。

痛苦是真理和天才灵感的源泉。叔本华的确是一个为真理而生的人，为了他的“意志哲学”，他抛弃富贵悠闲的生活，成为一个“无母、无妻、无子、无家”的孤家寡人，“忧郁、多疑、孤独、暴躁、厌世、悲观、愤世嫉俗、仇视轻蔑女人、诽谤爱情”之名一直伴随其生命的始终，或许这就是真理的代价！

尼采的书曾经是在战场上浴血拼杀的德国大兵们随身携带的两本书之一，而另一本就是《圣经》。在尼采那些几乎是以一种“超人”的语言写就的著作中，向我们揭示了生命的本质。在尼采看来，宗教、道德都是扼杀人类自然之本性的颓废之物，而唯有在艺术之中，似乎只有在古希腊的艺术中，才显示人类的本性。古希腊人在祭奠酒神的神秘仪式上狂饮烂醉、放纵性欲，恰恰折射出尼采所崇拜的那种企图征服一切、占有一切、毁灭一切的“酒神”精神。透过其天才的大脑，尼采发现，作为人类真正本原的东西并不是叔本华笔下那种消极的垂死挣扎与苟延残喘，相反，人类的本性则是积极的扩张。人类天生就是阿喀琉斯一般的战士，攻击是人类的本性，侵略感天生就融化在人类的血液之中。自诩为人类的“精神领袖”，自诩为欧洲“腐朽”文明的“救世主”的尼采，经过对一切的文化与哲学的价值进行重新的评估和批判，他所创造的“超人”也便呼之欲出了。

尼采的美学，在笔者看来，就是一种“血色”美学。在血腥的世界里，人人都是为扩张而欲火烧身，两眼布满血丝且泛滥着吓人的血色。在一个屠户的眼中，那些即将成为刀俎之物的鲜活生命才是最美的。对征服者来说，那些能够给征服者带来财富和性欲满足的被征服者同样才是世界上最美丽无比的东西。正是在这种“红眼”美学的引导下，人类得以征服世界，而在一种血腥的与天斗、与地争，并与人类自己进行拼杀的过程中，获得一种如性兴奋般飘飘欲仙的快感。

在尼采的眼中，《圣经》中的“主”，梦中都在企盼成为“万王之王，万主之主”。为实现其一统天下之宏图大志，“主”穿着溅满血迹的衣服，骑着高头大马，用嘴中喷射出的“利剑”，击杀那些敢于拂逆其意志的异教徒。就是这样一个已经充满着无比血腥气味的基督教，将一些失去阳刚之气的阉割之人，与那些暮气沉沉的古旧道德一起，永远扔进历史的火葬场。[①]这足见尼采心目中的人性之凶。尼采曾经说过，迟早有一天，他的名字或许会与一个怪物联系在一起。他无论如何也没有想到，这个怪物就是臭名昭著的希特勒。同样他也许没有想到，他的书与《圣经》一起，被装在那些一心就想杀人的德国大兵的口袋里。

西格蒙德·弗洛伊德，奥地利的一名医生，为了彻底弄清楚人的精神现象到底是一种什么东西，他不惜利用自己做医生的“职务之便”，钻进了到他诊

①[英]约翰·斯托得.见证基督[M].呼和浩特：内蒙古人民出版社，2003.

所就医的病人的梦中，甚至把自己那些令人难堪的梦也堂而皇之拿出来作为研究的标本。在弗洛伊德看来，无论是那些“显意”（manifestcontent）的梦，还是那些“隐意”（latentcontent）的梦，其“内容是在于愿望的满足，其动机在于某种愿望”。而在人类的愿望之中，性的欲望居于其核心的地位。在这一点上，弗洛伊德的观点与西方另一位学者兰克（OttoRank）的观点完全一致。兰克说：“就婴儿期‘性资料’的说法来看，梦往往是代表满足的心愿，而且多半是性欲的愿望以伪装过的、象征的形式出现。”在弗洛伊德的理论中，“性”的内涵与一般人所理解的并非完全一样，它除了以人类的性器官相互接触为主要形式之外，还代表着一种征服，代表着一种扩张，代表着一种肆无忌惮的追求……

弗洛伊德研究的对象多是那些心理存在瑕疵的精神病患者，而美国心理学家马斯洛（1918—1970年）则选择人类中的精英分子作为自己的研究对象。马斯洛认为弗洛伊德等人选择“非正常人”作为研究对象，并由此及彼推及所有人身上，犹如把对动物的研究结论推及人类身上一样，对人类的尊严缺乏最起码的尊重。

马斯洛与叔本华的不同之处，就在于他看到作为人的意志体系的金字塔式结构，在这座金字塔结构的基础部分，是一种与一般动物没有什么区别的基本需求，而随着基础性欲望和需求的满足，人的意志则越来越沿着金字塔的边缘逐步上升。追求自我实现，是作为人的意志的最高境界，也是其他物种根本不具备的东西。正是这个东西，使人类区别于其他物种，也使人类拥有和其他物种不一样的命运。但究其本质，马斯洛所概括的人类的自然特性与弗洛伊德所概括的到底有多少本质性的不同实在难说。例如，马斯洛认为，驱使人类的是若干始终不变的、遗传的、本能的需要。这些需要，不仅仅是生理的，也是心理的。在马斯洛看来，人是一种不断需求的动物，除短暂的时间外，极少能达到完全满足的状况，一个欲望满足之后又会迅速地被另一个欲望所占领。人总是在希望着什么，总是在追求着什么。在这点上，我们又可以在叔本华的著作中找到它的改写版。叔本华在其《作为意志与表象的世界》中如此写道：“凡是人在根本上所欲求的，也就是他最内在的本质的企向和他按此企向而趋赴的目标，绝不是我们以外来影响、以教导加于他就能使之改变的；否则我们就能够重新再制造一个人了。”“所以动机所能做的一切，充其量只是变更一个人趋赴的方向，使他在不同于此前的一条途径上来寻求他一贯所寻求的（东西）罢了。”意志于是引发了一切，自然也包括血腥的战争。

至于马斯洛提出的需求层次理论，其实，无论是他所说的生理需求、安全需求、归属与爱的需求，还是尊重需求、自我实现需求，无一不是自私的欲望的不同表现形式而已。人的生理需求与一般的动物没有什么区别。要满足安全的需求，人类就必须在其所属于的范围之内消除对其生存构成威胁的一切竞争者。分属于不同的团体，获得特定利益集团的认同，是实现所谓归属于爱的需要的基本前提。而对于取得社会与他人的尊重，求得自我价值的最大实现，在这个世界上，如果没有了弱肉强食的竞争与血腥的搏杀，这是不可能的事情。总之，虽然马斯洛与弗洛伊德研究的对象不同，表述语言不同，一个是赤裸裸毫无遮掩，一个是温文尔雅欲言又止，但他们对人性揭示的本质内容似乎没有什么不同。

德国社会学家马克斯·韦伯与其同胞卡尔·马克思，在如何看待宗教与人类的经济行为之间的关系时，虽然其观点确实是针锋相对的，但他们却有一个共同点，那就是他们共同承认人的物欲在人类的欲望体系中居于核心的地位。中国历史学家司马迁在其《史记》中说过：“天下熙熙皆为利来；天下攘攘皆为利往。”他的这句名言在马克思的《资本论》中得到最精彩的诠释。在马克思看来，满足人的基本需求构成人类行为最核心的动力，为此，无论是过去，还是现在，无论是对于那些农民、工人、士兵、不正派的政府官员，还是对那些医生、车夫、艺术家、娼妓、赌徒、乞丐、贵族、十字军骑士，隐藏在他们一切行为背后的目的和动机，都与利益二字有关。这种庸俗但自然的冲动，对于一切时代、一切国家、一切民族、一切阶级都绝对实用而普遍存在。“从牛身上榨油，自人身上赚钱”，这种貌似贪婪的哲学，则是适用于全人类的通用教材。欧洲空想社会主义者，如傅立叶、欧文等人谴责的那种为了财富就可以不惜违反人间一切法律和道德的做法，其实是再正常不过的事情了。

马克斯·韦伯倾其毕生心血，建立起一个蔚为壮观的社会学体系，企图证明促使现代资本主义崛起的动机乃在于清教徒的“天职”。正是禁欲主义的宗教追求，才使西方社会建立起了一个完全不同于非西方世界的现代政治—经济—文化体系。以今天全世界的发展，尤其是东亚地区的发展来看，马克斯·韦伯看来真是古往今来思想家中最具有自恋情结的人了！他所犯的致命错误，就是把西方人一时间的宗教狂热误判为一种支持西方社会前进的持久性力量。马克斯·韦伯的理论，被西方人鼓吹是唯一可以取代马克思主义的理论体系，但就笔者看来，除了他名字中的三个字“马克斯”容易让人联想到卡尔·马克思外，实在看不出他的理论具有什么撼动马克思政治经济学体系的伟力。

永远的“食肉动物”

凡存在皆有其必然性。在我们研究人类何以在今天走向末日背后的动因之前，我们不妨走进人类的“前史”，即无文字记载的历史之中。通过人类从茹毛饮血的动物逐步进化到今天超级物种这个过程，或许能够给我们提供一些启示。

100 多年以前，人们认为人类的历史不过几千年。19 世纪下半叶，由于欧洲尼安德特人和克罗马农人的发现，人类历史向前推进了10多万年。19世纪末到20世纪初，随着爪哇人和北京人的发现，人类的历史被估计约有50万年。到20世纪50年代，人类历史一般被认为是100多万年。由于20世纪50年代人类东非化石的陆续出土，人类的历史被推进到350万年。而根据迄今出土的人类化石，中外考古学家推测人类生活在地球上的年龄甚至达到400万年或500万年之前。我们可以预料，越往后，人类发现的人类史前化石会越多，人类的历史无疑会比目前认为的要长得多。

人类何以在几十万年时间荡平地球万物，而成为地球上分布广泛的物种，并成为地球上独一无二的霸主？其答案毫无疑问是人类必然拥有其他动物所没有的独特优势。达尔文的回答也是如此，他在《人类的由来》中指出："即使是还处在最原始状态下的人，也是地球上产生生物以来最占有优势的动物，他们分布得比其他任何生物都要广泛，而其他所有生物都在他们面前却步。"

《狼道》一书说："在哺乳生物当中，适应能力最强的就是狼了。"此话亦对亦错，如果不包括人类，此话绝对正确；如果包括人类，此话则错。该书还说："狼是最凶猛的动物。"此话亦对亦错，如果不包括人类，此话绝对正确；如果包括人类，此话则错。从遍及世界各地堆积如山的原始石器和各种动物的遗骨化石中，我们不难发现，人类是所有食物链中最凶猛的动物。对于人类来说，无论是那些飞禽，还是走兽，抑或是那些躲在大海深处的鱼类、海龟等，都是人类可以取之为食的对象。人类"上九天揽月"，目的在于到月球上寻求合适的资源，"下五洋捉鳖"，也自然为了满足人类之急需。也正因此之故，在人类的血盆大口之前，其他所有的物种，包括那些企图与人类比拼的豺狼虎豹之类，也不得不退避三舍、甘拜下风。对这些动物来说，把人类关在笼子之中似乎是最好的安全之策。食肉的本能不仅确保人类征服世间万物，也促进了人类的进化。西方的两位学者，一位是人类学家卡梅尔·施赖尔（Carmel

Schrire)，另一位是生物学家蒂莫西·珀坡（Timothy Perper），他们指出，“狩猎是我们进化的核心”，“狩猎和肉食激发人类进化，推动人类成为今天这样的生物”。自然，我们随后的历史一直被置于一种暴力、掠夺和流血的环境之中，也是因此而引起。总之，人类是一种最凶残的食肉动物，这也是我们能够立足世界、控制世界，而主宰万物的决定性因素之一。

食肉的本能不仅体现在对付那些普通的动物身上，在处理人与人相互关系问题上也是如此。这也就是说，人类本身也是“食人族”一类。人类的凶残并不是仅仅用来对付动物，对付同类也是如此，甚至更加残酷。笔者出生在中国江苏省北部地区的一个极端偏僻落后，甚至说有些愚昧的小村庄。这个村庄的名字叫驼沟。在我早年的记忆中，总有一个令人不寒而栗的故事。这个故事说：在过去某一段贫穷的岁月里，人们吃光了所有的粮食与野菜，为能继续活着，于是在夜间三五人一起躲到田间小道两侧，联合起来去抓“鬼”吃。一见到某个黑乎乎的影子过去，他们就立即用棍子予以击倒，然后把这个“鬼”拖回家，在黑灯瞎火中煮着一起吃了。有的老者还有鼻子有眼地告诉我说，“鬼”肉是酸的。今天想起来，这些所谓的“鬼”肉，就是人肉。其实，在人类的某个历史时期，“人吃人”如同男女结婚生子一样是一件非常正常的事情，没有什么值得大惊小怪的。

在人类学领域中，一直存在着在人类的历史进程中是否存在“人吃人”阶段的争议。古希腊的历史学家希罗多德最早记载了“人吃人”的现象。世界各地都曾经发现过“人吃人”的记录。中美洲的阿兹台克人，还有古印度人，都把吃人看成是一种宗教风俗，没有什么值得大惊小怪的。根据英国博物学家达尔文的记载，火地岛人冬天以浓烟熏杀老年妇女而食之，而狗则留到日后再宰杀，因为狗能够捉杀海獭，比这些老年妇女更加有用。“他们的肉店里面充满着人肉，以代替牛肉和羊肉。他们把在战争中捉到的敌人拿来充饥，又把卖不出好价钱的奴隶养肥了，宰杀果腹。”中国的《吕氏春秋》记载，卫公被翟人所杀，这些翟人“尽食其肉，独舍其肝”。《太平广记》记载，武则天一朝也有食人之风气。瀛洲刺史独孤庄“染病，唯忆人肉。部下有奴婢死者，遣人割肋下肉食之”。酷吏来俊臣得罪诸武及公主，弃市，“国人无少长皆怨恨，竞剐其肉。斯须而尽”。另外，在今天的非洲原始部落中依然存在着“人吃人”的习俗。生活在新几内亚西部高地原始森林中的祖鲁族人就是如此。当某一家族有人死去后，女眷与儿童就要将死者的大脑吃掉。虽然祖鲁族人因此染上致命的“苦鲁病”（也称“笑病”），但对于“吃人肉”这个习俗，祖鲁人依然乐此不疲。

征服世界，统治其他物种，固然需要聪明的智慧、强健的体格和食肉者的精神，但与这些基本要素比较起来，那种反抗自然、藐视自然，并竭力去征服自然的意志，才是最重要的因素。这种意志首先体现在人类具有突破一切自然界限的本能与冲动。对于其他动物来说，大自然给这些物种固定了相对的活动范围，而这些动物即使是那些凶猛的野兽，也大多很本分地服从于大自然的命运安排，不去突破这些范围，事实上它们也很少能意识到突破这种自然安排的必要。而人类则不同，试图突破大自然所强加的一切限制，成为人类最典型的特征。

对于人类来说，永远没有满足的时候，人类总会有越来越难以实现的需求。这种“贪得无厌”的意志是人类进化的产物。人类是世间万物之中意志力最为强大的动物，正是这种意志为人类创造了统领天下的地位，同样的道理，也正是这种意志决定了人类走向灭亡的危机！

美国人类学家斯宾塞·韦尔斯把人类的基因库比喻成为一锅“杂碎汤”，在这锅万年汤中，基本的材料就是在非洲地区就已经具备的基因元素，而随着人类往其他地区的迁移，特定环境培育出来的基因则逐渐加入到这锅杂碎汤之中。不管这个比喻是否妥当，毫无疑问，在这锅老汤中，弗洛伊德在《梦的解析》中所发现的人类怪异的本能与潜意识，叔本华《作为意志与表象的世界》中所描写的“意志”，霍布斯所说的那种人类只有在自然状态下才有的狼的本性，马斯洛人本哲学中那种出人头地和对欲望的无限追求，以及高尔基所深恶痛绝的人类令人生厌的政治动机，一言以蔽之，所有那些为了自我生存而必须对敌对物种，也包括对人类自身予以彻底征服乃至彻底消灭的本性，早就深深扎根在人类的“基因汤”之中了。我们至今还无法判断出哪一勺“基因汤”对应着哪一种人类的品行，但人类的一切意志与品行都在这锅汤中。而正是这种独特的意志才是我们决胜于地球的最核心的原因。

作为生命的最基本元素，基因是人类精神现象得以产生的物质基础。所谓的人类意志，不过是基因的一种生理机能。人类的所有行为都是在基因的机能，即意志的左右下得以进行的。如果说人类本身也不过是一个玩偶的话，那么，那无处不在、无时不有、深深埋藏在人类基因之海中的人类意志，便是操纵人类的主宰。

人类在这个杂草丛生、落寞凄凉的大陆上，两条战线的战争每天都在激烈地发生着。一条战线是人与非人类物种之间的战争；另一条是人类与人类之间的战争。当人类征服所有非人类物种之后，人类自然就把闪烁着凶光的眼睛盯着人类自己。当人类联合起来消灭了所谓敌人之后，人类就成为自己最大也是最凶险的敌人了。人对人是狼，这是英国哲学家霍布斯对远古时代人类“自然状态”的形象比喻，血腥的战争成为远古时代这个世界的主旋律。

在这个弱肉强食的世界上，同情心、博爱都是一种可怕的麻醉药，它只会让人类在与敌对物种的博弈中随时招致被灭杀的危险。超强的体力、冷血的性格，以及建立在自我认同基础上的内部团结，是人类战胜自然、战胜敌对物种的法宝。

“适者生存”这个规律在残酷地发生着作用。只有那些拥有适应生存环境所需要的基因的人类，才能在特定的环境下得以生存，而不是在必然的轨道上走向灭绝。相应的，那些对异类、对同类具有同情心的人类最终都被“淘汰掉”了，而那些毫无怜悯之心、心狠手辣的人类则占据世界的主战场。

人类占据非洲主战场，说明人类早已在野蛮力、野蛮性以及二者的结合上远远超过即使是最厉害的动物。随着人类的足迹踏遍地球，人类的基因又经历了全地球最严酷自然条件、最凶猛物种的考验，尤其是当现代人的非洲祖先在征服地球的过程中，也遭遇到地球上其他人种，如欧洲的尼安德特人、东方的周口店人的竞争，而在这种竞争中，毫无疑问现代人取得了胜利。而其他人种，如同被更强的豹子彻底征服而不得不放弃交配权的雄豹一样，其作为生命信息的染色体逐渐消失掉，遭受灭顶之灾而被彻底清除出地球。如今我们只能在考古博物馆，或者在考古教科书中，才能一睹我们那些远房“表亲”的尊容。

对于人，究其本身的规定性来讲，把人界定为“一种智慧的动物”，与把人规定为“一种会两足行走的动物”一样，或把人规定为“一种食物的过道”一样，都是不准确的。即使是马克思所说的“人的本质是一切社会关系的总和”，也同样仅仅抓住了问题的表面。人与其他物种的最大区别就在于人是一种意志力最强的动物。除此以外，人与其他物种谈不上有什么根本的不同。而所谓人类的意志，就其本质不过就是人类遗传物质即基因的基本机能。意志之于基因，犹如电流之于铜和锌一样，一旦其等待的机会到来，它立即就会化为火焰。意志的表现形式集中在如下三个方面：

第一个就是追求自身的无限成长。对于人类而言，最大的享受和追求，莫过于证明并让世界感知到自己力量的强大与不可征服，除此以外，就没有什么真正的意义。而要做到此点，物种的繁衍与扩张便成为最原始，也是最重要的活动。叔本华观察到：每一个正常的生物，到了成熟时，都迫不及待地为生殖后代而奔波劳累，就算牺牲自己也在所不惜。例如，雄蜘蛛一完成授精的工作，便成为雌蜘蛛的腹中之物。黄蜂经常为它永不能见到的后裔尽力搜集食物。人类也是如此，新婚燕尔，尚未品尝到男欢女爱的乐趣，就把哺育后代也提上议事日程。就连中国国学大师王国维不禁发出如此感慨：对于人类，“百年之间，早作而息思，穷老而不知所终，问有出于此保存自己及种姓之生活之外者乎？无有也。百年之后，观吾人之成绩，其有逾于此保存自己及种姓之生活之外者乎？无有也”。总之，在意志的天下，对于所有的生命都是一样的，性的冲动居于最核心的地位，性行为的最终目的在于复制自己、繁衍后代，以确保自身万古长存。唯有如此，意志才能征服死亡。

第二个就是征服他者。每一个个体都希望成为其所属范围内的王，并随着人类数量的膨胀，人类之间必然出现激烈的利益冲突，因此人类的自我生存必然建立在对他者的征服的前提和基础之上。

第三个就是自我毁灭。当人类绝望地发现他意欲予以征服的对象不仅具有与其同样征服他者的欲望，并且越来越具有与其同样疯狂的实力的时候，当他需要证明并让世界感知其伟大力量的时候，却突然发现自己仅仅是一个干瘪的存在，当他最终发现那让其膨胀得变形的欲望是根本不可能得到满足的时候，唯一的出路就是寻求一种与其所属的人类共同体同归于尽的道路，死亡战胜人类，末日之来临也自然只是迟早的问题了。这个时刻是人类最为巅峰的时刻，是人类最为疯狂的时刻。用法国思想家帕斯卡（Pascal）的话来说：“人类必然会疯癫到这种地步。”

人类的欲望是一个无穷尽的东西，永远没有满足的时候。对于人类来说，再大的房子也越来越小，再好的食物也越来越难以下咽，再多的财富也越来越贫穷，再快的速度也越来越慢。总之，在人类无限膨胀的欲望面前，我们的世界越来越渺小，越来越微不足道。

为了满足根本不可能得到满足的欲望，人类不惜诉诸武力，不惜在梦中寻找满足，但从其本质上看，欲望是永远不可能得到满足的，疯狂的战争、疯狂的精神病就是这种不满足的结果。

第52章 少数人的价值

苏格拉底，古希腊著名的哲学家，因为得罪了古希腊的民主势力，最终被判处死刑。苏格拉底在为自己的辩护中大声疾呼：“现在，雅典人，我要争辩，可不像你们想的那样，为我自己的缘故，而是为了你们。因为你们要是杀死我的话，就不易找到另一个像我这样的人；假如允许我用一个可笑的比喻，我就是一只牛虻，总是整天地、到处地钉住你们不放，唤醒你们，说服你们，指责你们。我要让你们知道，要是杀死像我这样的人，那么，对你们自己的损害将超过对我的残害。”①

①[美]斯塔夫里阿诺斯.全球通史——1500年以前的世界[M].上海:上海社会科学院出版社,1992:212.

苏格拉底所谓的诸如“牛虻”和蚊子之类的东西，就是我们所说的少数人的代表。这些人确实不是社会的主流，参加选举也不会有多少人去选举他们。他们的观点往往被看成是异端邪说，最多也是属于孤芳自赏型的一家之言。这些人看不惯大多数人所做的一切，经常是横挑鼻子竖挑眼，见什么就说什么不好。总之，与人不同就是这些人的追求，为一鸣惊人而一鸣惊人是这些人的目的之所在。

这些所谓的少数人经常呈现一种反方向思维，多数人往东，这些人偏往西；多数人撵狗，这些人偏打鸡。在大多数情况下，这些人就是告诉你一个不同的观察世界的方法，而不管这种方法是正确的还是错误的。在和平年代，有这些少数人在那儿杞人忧天，告诉你世界并不那么美好，好让人们保持清醒，别被胜利冲昏头脑；在低潮时代，有那么一些人保持高昂的革命斗志，宣扬一些激昂的话语，而给死气沉沉的社会带来一些希望。如果说社会是一个家，少数人就是家中的闹钟，这些闹钟经常闹得人睡不好觉，但是如果没有这些闹钟，则人们可能在需要醒来的时候醒不过来。

少数人不管其智商比普通百姓高多少，但在社会上，这些人往往成为被人欺负和凌辱的“弱势群体”。这些人往往自命清高、孤芳自赏，他们与社会的大多数人总是显得那么格格不入。这些人又往往是“穷人”，他们没有大把大把可供挥霍的票子，没有奢侈的房子，经常是“四代同堂”，拥挤不堪，而不像一些贵族那样，拥有乡间别墅，悠闲潇洒。这些人没有让人肃然起敬的面子，没有显赫的位子。这些人经常被看成怪物，看成异端，他们没有权利在公众场合发表什么高见，电视上见不到这些人，广播上听不到这些人的声音，网络上也难以目睹这些人的风采。当大多数人崇拜“好汉不吃眼前亏”“识时务者为俊杰”时，这些人仍然保持那种“富贵不能淫，贫贱不能移，威武不能屈”的穷酸气概。

于是乎，这些生活于社会“死角”而无人过问的一小撮少数人，只好像契诃夫笔下的那个“装在套子里的人”一样，可怜兮兮地龟缩于自己的灵魂之中，琢磨一些别人不屑于琢磨的东西，在别人陶醉于纸醉金迷生活中，追求生活层次与品位的时候，这些少数人在黑暗中经常能发现那些总有一天将被看成金子的“真理”。

俗话说：“真理总是掌握在少数人手中。”著名物理学家爱因斯坦说得更是直截了当，在他看来，“普通大众的理解力和性格远远低于那些为社会产生有价值东西的少数人的理解力和性格”。[①]人们经常说：“世上本来没有路，走的人多了也便成了路。”其实，真正敢为天下之先，在荒无人烟的地方打造“路”的往往是那些少数人。当这些由少数人打造出来的小道成为大众之路的时候，人们已经把这些少数人抛到了九霄云外。

社会不能没有这些少数人，社会发展是以一个又一个伟大的“少数人”如珍珠一样串起来的。东汉时期的王充属于少数人，但他通过自己的《论衡》，提出了唯物主义学说。范缜是南北朝时期的少数人之一，但他通过其《神灭论》道出了灵魂不灭的荒谬。在举国上下为佛骨而疯狂的唐代，也只有属于少数人的韩愈敢于道出其中的愚昧。就近的来说，鲁迅是民国年代的少数人之一，如果没有鲁迅，近现代中国的思想史可能都要改写。

现代政治建立在对多数人意志无限崇拜的基础之上，这本身无可厚非，但如果这种政治一旦异化为对少数精英的藐视和否定，则是一种极端的反动。社会扼杀了少数人，就是扼杀了另一个重要的真理发现管道，受到最大损失的，不仅仅是这些少数人的家人，而是整个国家。一个国家要像保护自己的眼睛一样保护珍贵的少数人的价值。那种依靠暴民的狂热而摧残少数人的政治，是一种自杀的政治。

---

①[美]爱因斯坦.爱因斯坦晚年文集[M].海口:海南出版社,2000:13.

第53章 从不间断革命走向持续性进化

通过对资本主义历史起源进行系统的研究，我们不得不尊重“革命”和“改良”这两种截然不同的方式对于社会进步的巨大促进作用。

根据著名经济学家厉以宁教授的研究，资本主义分为两种类型，一种被称为“原生型”资本主义，西欧国家的资本主义就属于这种类型；另一种是非原生型的资本主义，日本和亚洲、非洲、拉丁美洲一些后发展起来的资本主义就属于此种类型。从资本主义的产生方式来讲，原生型资本主义主要依靠“革命”的方式来推进，西欧资产阶级最早的代表是由一些被社会所抛弃的逃亡农奴组成。这些人在社会上几无立锥之地，只好逃到封建主所不要的地方。这些社会的弱势群体依靠商业维持自己的生存，并逐步建立自己的属于国家权力外的政治中心。当这种政治中心与体制内的国家权力发生剧烈冲突时，新兴的中产阶级便采用暴力手段，以一种摧枯拉朽、风卷残云之势推翻了封建领主的统治。以暴力为主要特征的革命大大缩短了社会变化的成本。这就是革命的价值所在。

在以下几种情况下，除了革命以外，任何其他形式的东西都不会对社会进步产生促进作用：一是社会上存在着一个全面阻碍社会进步的“反动阶级”，不以快刀斩乱麻的形式将这些阶级或者阶层扫地出门，社会就无法发展，只能停留在落后的境地。二是国家被一些在智力和文化上都非常落后的种族所统治，这些民族为了维持自己的统治，不惜采用极端野蛮的方法镇压先进民族。因为在这些统治民族看来，被其以强力征服的国家一旦实行经济改良措施，或者对外开放，必然危及其统治。对于这些统治民族，除了采用暴力的革命手段以外，不可能有其他手段。三是国家被掠夺成性的外国所统治，在这种情况下，除了采用革命的手段以外，也没有其他手段可用。

进入 20 世纪，中国人面对的是胡适先生所讲的五个敌人，即贫穷、疾病、愚昧、贪污和内乱。而要解决这些问题，就得依靠一点一滴、扎扎实实的工作。

在胡适看来，所谓的社会进步是依靠一项一项工作逐渐积累的结果，而过多的革命必将导致建设事业面临停顿。日本人与中国人一样都曾大谈维新事业，但是维新在日本与在中国的结果却是天壤之别。究其原因，是因为日本从来不失去重心，“咬定青山不放松”。而中国人则是“小猫钓鱼”，做很多事情都缺乏恒心，经常是一件事情没有分出什么头绪就被另一场革命打断。

胡适在“九一八”事变爆发一周年之际写了《惨痛的回忆与反省》，文中写道：“我们始终没有重心，无论什么工作，做到了一点成绩，政局完全变了，机关改组了或取消了，领袖换了人了，一切都被推翻，都得从头做起；没有一项事业有长期计划的可能，没有一个计划有继续推行的把握，没有一件工作有长期持续的机会，没有一种制度有依据过去经验积渐改善的幸运。”①

孙中山先生曾经指出：“革命的事情是万不得已才用，不可频频伤国民的元气。我们实行民族革命、政治革命的时候，须同时想法子改良社会经济组织，防止后来的社会革命，这真是最大的责任。”②

中国共产党目前非常重视党的执政能力，在目前如何以一种大的气度，及时把握中国社会中可能出现的风吹草动，及时解决可能出现的各种问题，是对我们党执政能力的最大考验。

①程巢父.思想时代[M].北京:华夏出版社,2004:79.

②孙中山研究会.孙中山文集[M].北京:团结出版社,1997:24.

后　记

永远的致谢

学术研究是一项劳心费神的事情，我的生命，除了不得不去从事养家糊口的营生外，几乎所有的时间都用到这方面了。因此，用于陪伴父母与妻子女儿的时间被压缩到最低的限度。他（她）们不仅从未抱怨过，还对我给予了莫大的鼓励和支持。例如，太太魏晓莉、女儿李瑞琪经常为我订阅报纸杂志，为我从网上下载资料，为我录入文字。可以说，我如果没有家人的理解和支持，任何事情都是做不成的，学术研究也不例外。因此，我首先要感谢的就是我的家人，也衷心地祝福他（她）们。我也暗暗下定决心，自己已经是一个快到五十岁的人了，以后用于学术研究的时间可以逐步减少一些，这样就可以从容地多挤出一些时间来，多为家人做点事情，最起码多陪陪他们。一家人平平安安、幸幸福福地生活在一起，这不知是用几十万年的时间才修行得来的，应当绝对予以珍惜！

每每回忆起我是如何一步步走上学习与研究之路的，我都要深深感谢我的导师——中国政法大学教授曹子丹先生。记得当年可能是因为一些人的原因，我没有拿到中国政法大学研究生院的复试通知书，我的档案被打发到第二志愿——武汉大学，这就等于宣告我不可能再到北京去学习了。这对我来说简直就是天大的灾难。正是因为曹子丹先生的热心相助，中国政法大学最终决定录取我。我记得当时中国政法大学的入学通知是以曹子丹先生一封信的形式寄给我的，曹先生在信中说，学校招生办的一些人在处理我的试卷时确实犯了一些错误，但学校本着有错必纠的原则，决定录取我到北京上学，同时让南京师范大学把我的户口资料都转到北京。曹先生的热情相助，改变了我的人生轨迹。我相信即便我当时无法到北京上学，凭我的性格迟早会走上这条路的，但毫无疑问，那要耽搁我更多的时间。我感谢我的导师还有一个重要原因：是因为曹子丹先生的推荐，我才得以以一个学生的身份在颇负盛名的中国政法大学学报《政法论坛》上发表了一万多字的学术论文，就是这篇论文定格了我未来的学术研究之路。我今天的很多思想，从学术渊源上看，都可以从这篇 20 年前的文章中发现端倪。

法学家江平教授是我心目中中国学术界的良知。他在 84 岁高龄时，还为我的《跨越时空的对话》亲自作序，一个字一个字地琢磨，句句都是用他的心在写。我感到无比的荣幸和自豪！

夏景文先生，虽然仅仅比我大了一两岁，但他的学术造诣和政治智慧值得我学习。尤其在我进军中国政法大学的艰难过程中，作为我的班主任和法学启蒙老师，他不仅为我推荐了很多有用的书籍，为我解答了很多不明白的学术难题，还带着我找到他的老师南京大学的宫教授，通过宫教授联系上中国政法大学的曹子丹教授。没有夏景文老师的穿针引线，没有他的无私帮助，我的人生或许会改写。衷心地感谢他，是我应该的。

我的第一本书稿是我在三十来岁的时候写成的。书稿写成后，最先与我洽谈出版事宜的是作家出版社。记得与作家出版社编辑刘方先生认识是通过联想集团的唐旭东先生和陈惠湘先生。听刘方先生说，作家出版社对这本书稿很重视，但因为一些原因，最后决定放弃出版，这着实让我失望得很。如果没有姜正成先生鼎力促成，就不可能有我第一本书在香港的出版。而如果没有第一本书的出版，可能也就没有后面的几本著作的陆续推出。因此，我深深地感谢姜正成先生。

我还要感谢企业家毛振华先生和马吉祥先生，他们都是我真正的“老板”。由于他们的诚心帮助，我得以借助商业活动获得了一般人所没有的闲暇和独立，正是这种奢侈的闲暇和独立成就了我的学术之梦。中国不缺乏那种敢于思想也善于思想的人，但是中国的学者往往受制于养家糊口这些人间凡事。我不靠写书赚钱，研究和写作仅仅对真理与理论负责，因为真理至高无上。这种坚持的背后，是实实在在的物质基础与心灵自由。离开作为“硬件”的物质基础，任何心灵都极难获得自由。

最后，我要向所有思考着的大脑致敬，向所有追求人类社会发展真理的社会良知们致敬！我想我也有分享这种敬意的资格，因为我始终思考着、追寻着。只要有善于思考的大脑，中国就会实现伟大的“中国梦”！

2015 年 5 月 16 日于北京香山别墅